KB201684

나는 날마다
지하철에서 명상한다

초심자를 위한 12가지 생활명상 제안서

나는 날마다
지하철에서 명상한다

김성수 지음

이루

달리는 지하철이 명상실이 될 때까지

사당역에서 신도림역으로 달리는 지하철 2호선 한 량, 낮이어서 대부분 앉아 있지만 서 있는 승객도 대여섯 명 있다. 환하게 불 밝힌 객실 내부는 어항 속처럼 한가하고 평화로워 보인다. 그런데 유심히 보면 한 가지 특이한 점이 있다. 앉거나 서 있는 승객 대부분이 눈을 감고 있다. 그들은 하나같이 등받이에서 등을 뗀 채 척추를 곧게 펴고 있다. 눈은 정면을 바라보는 듯하지만 고요히 감겨 있다. 더러는 가늘게 눈을 뜬 사람도 있다. 서너 명 정도만 휴대 전화기를 쳐다보고 있을 뿐 승객 대부분은 지금 명상 중이다. 지하철 소음이나 차량 운행 방송에도 아랑곳하지 않는다.

내가 꿈꾸는 지하철 모습을 그려보았다. 지하철에서 휴대 전화기를 들여다보고 있는 사람만큼 많은 사람이 명상하고 있는 장면을 만나고 싶다. 그런 세상이 오고 있다는 사실을 믿는다.

명상이 널리 퍼지고 있다. 서구에서는 특히 '마음챙김 명상Mindfulness Maditation'을 하는 명상 생활인들이 기하급수적으로 늘어났다. 우리나라도 명상 인구가 늘어나고 있는데, 특히 그 중심 세대가 삼사십 대 젊은 층이다. 늘어나고 있다는 명상 인구만큼 명상 관련 책들도 쏟아진다. 이 책도 명상하는 인구가 늘고, 명상 관련 책들이 쏟아져 나오는 흐름 속에서 쓴 셈이다.

명상에 관한 소식과 내 안에서 묘사되는 그림만으로도 기대감이 차오른다. 달력 날짜는 아직 겨울이지만 바람 끝이 뭉툭해지면 봄이 오는 이치처럼, 그 어떤 힘으로도 억누를 수 없는 에너지로 '명상의 세상'은 차오른다.

그런 세상을 그려보는 일은 내가 즐겨하는 소꿉놀이다. 지하철이나 버스를 기다리는 정류장에서 사람들이 부드럽게 척추를 편 채 눈을 감고 앉아 있는 광경이 일상이 되는 세상. 그렇게 되면 우리 사는 세상은 틀림없이 여유가 넘치고 살 만한 세상이 될 것이다.

이 책에는 그런 기대가 담겨 있다. 얕은 식견과 수행력의 허물을 무엇으로 때우나 하는 걱정도 잘 살펴보면 일종의 자만심이다. 낮은 곳으로 흘러내리는 물일수록 바위에 자주 깨진다. 깨지기 싫어서 고여 있는 물이 될 일은 아니다. 그냥 쓰자. 부끄러워하지 말자. 지하철 의자 일곱 자리 중 다섯 자리 정도는 명상하는 사람들이 앉아 있는 세상이 될 때까지 기대를 접지 말자.

일 속에서 명상과 뒤섞이는 사람이 많기를 바라는 마음이 크다. 현실은 그렇게 살기가 어렵다는 것을 잘 알기 때문에 오히려 그런 생각이 꺾이지 않는다.

'명상이 일해서 돈 버는 일보다 더 큰 가치가 있다는 사실을, 일하면서 돈 버는 당시에 뼛속 깊이 느끼게 할 수는 없을까? 그렇게 되면 은퇴 후에도 바빠질 텐데. 같이 놀러가자는 전화가 올까 봐 겁이 날 텐데.'

이 책을 통해서 '명상이 뭐길래?' 하고 호기심 가득한 사람을 만나면 좋겠다. 그런 사람이 있어서 나에게 '명상이 뭐 하는 거냐?'고 묻는다면 '혼자서 바쁘게 사는 법'이라고 대답할 것이다. 얼마나 바쁘면 사당역에서 신도림역까지 가는 시간이 5분처럼 느껴지겠

냐고, 그러니 명상 공부 한번 해보자고, 권하고 싶다.

원고를 쓰는 동안 독감에 두 번 걸렸지만 원고에서 시선을 떼지는 않았다. '명상이 뭐지?'라고 생각하는 잠재 독자의 면면을 상상하는 것은 큰 즐거움이었다. 그러고 보니 '명상은 행복 발견 유산소 운동'이 맞다. 원고를 마무리하는 나를 바라보니, 내가 좀 전보다 좋아졌다. 더 시원해졌고 가벼워졌다.

2025년 3월 31일 김성수

차례

명상은 행복 발견 유산소 운동이다

명상은 자기에게 가는 길이다. 자신을 바라보고, 만지고, 이해하고, 좋아하고, 대화하는 일이다. 척추를 곧게 펴는 일, 호흡을 관찰하고 걸음을 알아차리는 일도 나 자신에게 가는 행위다. 그런데 나는 왜 나에게 가고 싶은가? 결론부터 말하자. 거기에 행복이 있기 때문이다.

이 글을 읽는 당신은 세계적 갑부의 반열로 차원 이동할 수 있다. 갑부의 행복과 당신의 행복이 일치하기 때문이다. 이야기는 어느 기자와 갑부의 질의응답에서 시작한다. 기자가 갑부에게 물었다.

"당신은 세계적인 부자인데 왜 날마다 일하십니까? 그래야 할 이유라도 있습니까?"

미소를 띠며 갑부가 대답했다.

"기분이 좋아서 합니다."

기자는 갑부의 다음 말을 기다렸다. 하루에 수십억을 써도 다 쓰고 가기 어려울 것 같은 그의 재산이 생각났기 때문이다. 하지만 갑부는 할 말을 다했다는 듯 묵묵부답이다. 기자가 채근했다.

"제 질문에 대답을 안 하시는군요."

그가 말했다.

"그게 내 대답입니다. 일하는 것도 기분 좋고, 여기저기 나누는 것도 기분 좋아서 일을 계속하는 겁니다."

"그러니까 단지 기분이 좋아서 일을 한다는 말씀입니까?"

"그렇습니다. 당신도 지금 나만큼 기분이 좋으면 세계적인 갑부의 반열에 올라선 겁니다. 생각해보세요. 당신이 기사를 써서 원고료를 받는 것도, 세계 여기저기를 다니면서 취재하는 것도, 퓰리처상을 추구하는 것도, 결국 기쁨 때문이지 않습니까? 자기 만족감이라고 해도 되고, 보람이라고 해도 되는 그 기분뿐이잖습니까?"

나는 국민 소득 세계 10위권이라는 말과 함께 '행복'이라는 단어가 화두가 되는 시대를 살아왔다. 그런데 이상하게 그 행복이 나에게서 자꾸 멀어져간 느낌이었다. 어린 시절을 돌아보면 행복은 늘 앞동산에 걸터앉아 있었다. 세월이 흐르면서 행복의 높이는 어느새 에베레스트산만큼이나 아득해 보였다. 그동안 무슨 일이 있었을까? 어른이 되면서 나의 행복은 꼭꼭 여민 꾸러미 속의 신비한 보물이 되고 만 듯하다.

우리는 언제부터인가 '좋은 기분, 만족감, 편안함, 보람, 다정함, 맛있음' 같은 단어에 배어 있는 정서를 행복이라는 언어와 분리하게 된 것 같다. 행복에 무지했던 나만 그런 것일까?

내 탓이다. 가만히 생각해보니 '좋은 기분, 만족감, 편안함, 보람, 다정함, 맛있음'처럼 흔전만전한 감정들이 행복일 리 없다고 무심코 밀어냈다. 사람들이 말하는 행복과 내 행복은 다를 거라고 생각했다. 이렇게 어설프고 얄팍하고 지지부진한 감정을 어떻게 행복이라고 할 수 있겠는가?

명상을 하면서 뒤집혀 있던 그 생각을 바로잡게 되었다. 누구나 다 몸속에 있는 위장, 십이지장, 소장, 대장, 간장 따위를 통칭하여 '배'라고 하는 것처럼 '행복'도 좋은 기분, 만족감, 편안함, 보람, 다정함, 따뜻함이라는 감정의 통칭이라는 사실을 몸으로 읽었다. 어릴 때는 행복이라는 언어의 의미조차 따질 필요가 없었던 것을 어른이 되는 동안 잃게 되었고 명상을 하면서 되찾았다.

『행복은 진지한 문제다』의 저자 데니스 프레이저는 "행복해지기 위해서는 행복을 성취할 방법과 지식, 그리고 그 지식을 실천할 수 있는 자기 훈련이 필요하다"고 말한다.

하지만 무엇이 행복인지 아리송했던 나는 오랫동안 헤맸다. 명상과 같은 자기 훈련은 고사하고 '행복'이 어디 있는지 찾아다니느라 허송세월했다. 누군가 옆에서 '아, 행복해!' 하면 '얼마나 좋으면 저런 말이 입 밖으로 나오지?' 하고 부러워했다.

행복은 감탄사와 환희가 폭죽처럼 터지는 삶이라고 어느새 세뇌된 것일까? '행복은 질이 아니라 빈도다', '소소하지만 확실한 행복'이라는 말을 들을 때마다 고개를 주억거리며 감탄하지만, 그때뿐이었다.

명상을 하면서 알았다. 헬스클럽이 육체의 근육을 만드는 곳이라면, 직장이나 삶터는 마음의 근육을 만드는 멘탈 피트니스 클럽 Mental Fitness Culb이다. 말이 좋아 멘탈 피트니스 클럽이지 실상은 멘탈을 온전하게 유지하기 어려운 전쟁터에 다름 아니다.

명상과 같은 행복 발견 훈련이 따로 필요한 이유가 여기에 있다. 명상은 데니스 프레이저가 언급한 마음 근육을 만드는 자기 훈련이다. 명상은 당신의 전 생애인 지금 여기의 삶을 '보고, 듣고, 만지고, 깨물고, 맛보고, 삼키고, 맛있어 하는 일'인 것이다. 그러면 당신의 내면에서 이런 질문이 올라올지 모른다.

'아니, 그럼 직장 생활이나 사회 활동은 언제 하지?'

염려하지 말자. 이 책을 읽는 동안 당신은 최초의 타인이 '나 자신'임을 알게 될 것이다. 명상은 '보고, 듣고, 만지고, 깨물고, 맛보고,

아프고, 슬프고, 외롭고, 삼키고, 맛있어' 하는 자기 자신을 바라보는 일이다. 이왕이면 할아버지가 어린 손녀를 바라보는 눈빛으로 자신을 바라보는 마음 운동이다.

가정생활, 직장 생활, 사회 활동이 모두 명상인 이유도 여기에 있다. 세상천지 어디에 할아버지의 눈길이 어린 손녀에게서 떨어질 일이 있겠는가! 명상은 그렇게, 자기가 어느 세상에서 어떤 일을 하고 있든 자신을 '바라보고, 만지고, 이해하고, 좋아하고, 대화하는 일'이다.

———

빠르게 달리면서 호흡이 평안하기를 바랄 수 있을까? 육체적·정신적 평화의
중심에는 멈춤이 있다. 그런 점에서 명상과 멈춤은 행복한 이웃사촌과 같다.
멈추는 것이 명상이고, 명상이 곧 행복감을 주기 때문이다. 제1장의 이야기는
여기에서 시작한다. '삶의 풍요와 모든 일상을 잠시 내려놓는 일'에 관한 소식을
전한다. 번다한 일상에서 잠시 비켜 앉아 애정 어린 눈빛으로 자신을 바라보는
일, 명상이다.

제1장

행복은
의식 있는 죽음이다

"명상은 고요히 존재하면서 '아무것도 하지 않는 상태'이지만
동시에 '그 어떤 것도 할 수 있는 준비된 상태'다.
명상 생활이 몸에 익을수록 거리를 두고
자기 생각이나 감정을 볼 수 있는 마음 근력을 갖추게 된다."

#1
김치냉장고의
명상 시간

———

나에게 명상의 필요성과 확신을 심어준 존재는 뜻밖에도 우리 집 김치냉장고다. 하다못해 김치냉장고도 명상과 같은 디폴트 모드 Default Mode가 필요하다.

1년여 전, 우리집 김치냉장고가 제 기능을 하지 못한 사건이 발생했다. 주방 바닥으로 흘러내리는 물이 김치냉장고의 이상 증세를 말해주었다. 그 앞을 지나가다가 나는 흘러내린 물에 미끄러질 뻔했다.

'아이코, 이게 뭐지?'

나는 곧 김치냉장고의 사망을 직감했다. 김치냉장고가 우리 집에 들어온 세월을 셈해보니 12년째다. 고장 날 때도 됐다. 서비스센터는 마침 이어지는 추석 연휴 다음 날에도 방문이 가능할지 모르겠다고 했다. 그렇게 되면 빨라야 닷새 후였다.

퍼뜩, 어차피 돌아가지도 않는데 아예 전원 코드를 뽑아야겠다는 생각이 들었다. 전자 기기의 전원 코드를 몇 시간 정도 뽑아두면 제품이 초기화되기도 한다는 말을 들었던 기억도 났다. '이럴 때 냉장고 너도 12년 만에 한번 푹 쉬어봐라' 하는 생각이 들었다. 나는 전원 코드를 뺐다.

김치냉장고 속에는 김치만 있는 게 아니다. 냉장실 한 칸은 김치가 아닌 냉장 식품들로 가득 채워져 있었다. 이틀 정도 전원 코드를 뽑아놓으면 저 식품들은 자연스레 음식물 쓰레기로 처리해야 할 것이었다.

그런데 나중에야 깨달았다. 그 이틀간의 전원 코드 분리 기간이 바로 김치냉장고의 '명상' 시간이었던 것이다. 이틀이 지난 후 나는 손톱만큼의 기대도 없이 전원 콘센트에 냉장고 연결 코드를 꽂았다. 김치냉장고는 곧 웅 하는 소리를 뱉어내기 시작했다.

거기까지는 당연했다. 전자 기기에 전기를 공급했으니 온전하든 불량하든 작동 소리가 나는 것은 전혀 이상한 일이 아니었다. 나는 만 이틀 동안 냉장고 속에서 부패해갔을 음식들을 내다버릴 생각만 하고 있었다. 전원 코드를 연결해본 것은 12년간의 수고를 위로하는 마음이었을 뿐이다.

그런데 놀라운 일이 벌어졌다. 냉장 서랍을 열자 서늘한 냉기가 내 팔과 얼굴을 매만졌다. 다시 작동을 시작한 것이다. 나는 김치냉장고가 다시 냉기를 내뿜게 되리라는 상상을 해본 적이 없었다.

그로부터 1년여가 지나서도 김치냉장고는 정상적으로 돌아가고 있다. 우리 집 김치냉장고가 소위 디폴트 모드를 거친 후 정상화된 것이다. 언제 어느 때 문을 열든 녀석은 청량한 기운을 내뿜고 있다.

이 사건은 김치냉장고의 명상 시간으로 내 머릿속에 각인되어 있다. 나는 그 이후 모든 전자 기기에 그런 디폴트 모드가 필요하다는 설명을 듣게 되었다. 꽤 많은 경우, 디폴트 모드로 전자 기기가 자동으로 초기화되거나 내부 가열로 인한 미세한 고장이 정상화되기도 한다는 것이다. 이른바 전자 기기의 명상 시간이었다.

#2
'아무것도 안 하기'를
못 하는 환자

"하물며 말 못 하는 짐승도 알아듣는데 내 아들은 왜 그렇게 말귀가 꽉 막혔냐?"

요즘은 듣고 싶어도 들을 수 없는 어머니 말씀이다. 소통이 안 된다기보다는 당신 말을 잘 들어주지 않는다는 의미다.

내 느낌에 그 당시 부모님 말씀은 90퍼센트가 '~하지 마라'였다. 나머지 10퍼센트도 '이래야 한다', '저래야 한다'로 마치는 말들이었다. 예전에 아이들은 부모님 속을 어지간히 썩이면서 살았던 것 같다. 오죽했으면 부모 말을 거꾸로 들으면서 사는 청개구리 이야기가 교과서에 실렸겠는가.

나도 마찬가지였다. 한순간도 가만히 있지를 못했다. 걸핏하면 뭔가가 깨지는 소리, 우당탕 엎어지는 소리, 아니면 콧잔등이나 이마를 찢어서 피가 낭자한 사건들이 거듭되었다. 어머니는 그런 아들을 늘 불안한 시선으로 바라보셨다.

그런데 어른들이 내 곁을 떠나고 이제 내가 그 어른들 나이가 된 지금도 그 습관은 여전히 계속되고 있다. 다행인지 불행인지 그런 다양한 사태들이 겉으로는 드러나지 않는다. 가슴 안쪽으로 내면화됐을 뿐이다. 내 안에는 오늘도 걸핏하면 이리저리 엎어지고, 소리 지르고, 불 지르고, 깨뜨리고, 넘어지는 생각들이 반복되고 있다.

당신은 어떤가? 당신에게 만약 우리 어머니의 소원 중 하나였던 '10분만 가만히 있어보라'고 한다면? 가만히 있는 것, 그러니까 몸을 정지하는 것은 해볼 만한 일이다.

명상은 여기에서 한 걸음 더 들어간다. 명상은 생각도 멈추는 일이다. 아니다. 명상은 사실 '생각만' 멈추는 일이다. 이 말은 중요하다. 몸을 움직이는 것은 상관없는데 생각만 멈춰 있으면 명상에 가까이 간 상태라는 것이다.

명상을 단순하게 비유하면 전열기에 꽂힌 콘센트를 빼내는 일이다. 전자 기기에 전기 공급을 차단하는 상태를 말한다. 이 사태가 당신에게 난감한 이유는 하나다.

42년을 살아온 사람은 42년 동안 '생각하며' 살아왔다. '생각'으로 사회적인 성장과 존재의 확장을 성취해온 일꾼이다. 그런데 생각을 멈춰보라는 제안을 받은 것이다. 전자 기기의 전원 코드를 뽑아보라는 권유인 셈이니, 어처구니없다. 당신은 즉시 받아칠 것이다.

'그 안에 있는 음식들은 어쩌라고?'

생각을 멈출 엄두도 나지 않지만, 어찌어찌해서 그렇게 된다면 나의 내면이 디폴트 모드에 들어간 김치냉장고 속 음식물처럼 빠르게 부패할지도 모른다. 내 안에 갇힌 온갖 생각들이 부글부글 끓어오르는 광경이 연상되기도 한다. 이게 말이나 되는 일인가!

어렵다. 그렇게는 못 한다. 생각이라는 두뇌 작용 하나로 지구촌을 정복한 종족에게 다른 것도 아니고 생각을 멈추라니! 하지만 그와 유사한 작업은 할 수 있을 것 같다. 이를테면 수면은 할 수 있다. 잠에 곯아떨어지면 생각이고 뭐고 다 사라지니까. 그러고 보니 이게 최상급 명상 같다. 잠이야말로 멋진 명상이고 '생산적인 그침' 그 자체라는 생각에 눈이 번쩍 뜨인다. 자고 일어나면 피로도 사라지고 두뇌 회전도 정상이 되지 않던가. 이보다 더 자연스럽고 인간적인 명상이 또 있을까?

'그래, 골치 아프면 잠이나 자자!'

하지만 명상과 잠은 다른 상태다. 일단 몸의 형세가 다르다. 잠은 몸의 면적이 바닥에 넓게 닿아 있는 상태로 눈을 감는다. 정좌 명상은 엉덩이와 허벅지의 밑면만을 바닥에 닿게 하고 머리는 곧추세운 자세를 유지한다.

무엇보다도 두 경우는 의식 상태에서 현격한 차이를 보인다. 명상은 의식이 생생하게 살아 있는 상태고, 잠은 몸과 함께 의식도 잠들어 있다. 뇌파 상태도 다르다. 명상은 알파파와 세타파가 많이 나온다면, 잠은 세타파와 델타파처럼 더 느린 뇌파가 우세하다. 이 뇌파 상태는 주변에 대한 반응 탄력성에서 큰 차이를 보인다.

만약 잠든 상태에서 '불이야!' 하는 소리를 듣는다면 상체를 일으키는 동작을 하는 데도 수 초는 걸릴 것이다. 하지만 명상 상태에서는 마치 준비하고 있던 것처럼 즉시 일어나서 수돗가로 달려갈 수 있다.

이 두 가지 상태의 차이를 보면 잠은 피로 회복이나 신체 기능의 회복을 돕는 반면 명상은 스트레스 감소, 정서 안정, 집중력 향상과 관계가 깊다.

언뜻 보면 명상에 비해서 잠은 아무것도 안 하는 상태, 즉 디폴트 모드에 가까워 보인다. 하지만 잠은 오프라인 모드Offline Mode다. 깊은 잠에 빠진 사람의 마음은 어느 곳, 어느 시간대, 어느 세상에 가 있는지 자기 자신조차도 알 수 없다. 나라는 존재의 바깥에 있는지 안에 있는지 아니면 들랑거리고 있는지 알 수 없는, 자신의 통제권 바깥의 상황이다.

반면에 명상가의 의식은 자기 몸과 마음에 대해 평소보다 더 생생하게 알고 있다. 구글 출신의 명상가인 차드 멩 탄은 명상 상태를 '의식의 해상도를 높이는 일'이라고 말한다. 집중과 알아차림의 수준이 높을수록 주변에서 떨어지는 바늘 소리도 듣게 될 정도로 민감하고 고요해진다.

그럼 더 신경질적인 반응을 하는 건 아닐까? 아니다. 명상 중인 사람은 미세한 소리 따위에 놀라서 함부로 고개를 돌리지 않는다. 고개를 돌릴 일인지 아닌지, 한층 확장된 차원에서 이미 알고 있기 때문이다. 주변에 명상을 한다면서 '정숙'을 강요하는 사람이 있다면 조심하는 게 좋다. 그는 명상을 하고 있는 게 아니다. 그는 지금 화내고 있는 사람이다.

명상은 고요히 존재하면서 '아무것도 하지 않는 상태'이지만 동시에 '그 어떤 것도 할 수 있는 준비된 상태'다. 거기에 비하면 잠은 현실과는 접속이 끊긴, 대부분 의식의 바깥 지점에 놓여 있는 상황이다.

그런데 우리는 왜 명상처럼 아무것도 하지 않고 있기가 어려울까? 그것은 일어나는 생각에 반응하면서 살아온 습관 때문이다. 우리는 소리나 냄새, 맛, 감촉 따위에 대해 생각을 일으키고 그 생각에 따른 반응을 하면서 살아왔다. 이 습관이 지속적인 삶의 가동

시스템으로 정착되어 있다.

이 시스템을 그림으로 그려보면 좀 산만해진다. 의식의 전자동 컨베이어 벨트에 실려온 기억과 감정들이 신경 말단 부위 여기저기에서 낡고 너저분한 전선 더미처럼 얽히고설켜 있는 모습이기 때문이다.

당신이 말이나 표정으로 드러내는 '그 생각'은 그럴 만한 계기를 만나면 언제 어디에 있었는지 모를 기억이나 감정 따위와 순식간에 결합한다. 그래서 생각은 늘 그럴싸한 맥락을 갖춘다. 하지만 그 맥락이 자기만의 역사와 전통, 기억과 개념의 핏줄을 타고 날아온 것임을 알지 못하면 '내 생각이 맞아!' 하고 고집하게 된다.

이 사건을 우리는 '내 생각'이라고 한다. 이 글을 쓰게 하는 생각 또한 홀연히, 맥락 없이, 독자적으로 발생한 생각과 단어의 나열이 아니다. '이 글의 맥락'과 어딘가에 있던 '나의 기억과 지식' 따위들이 접속하면서 발생하는 사건이다.

이것을 우리는 '문장'이라고 한다. 그렇다면 '내가 생각의 주인이 아닐 수도 있네?' 하는 의문이 들 수도 있다. 그렇다. 당신은 생각의 주인이 아닐 수도 있다. 그런데 또 '내 생각이 아니다'라고 하기에는 이미 늦었다. 내 몸과 입과 행위를 통해서 세상에 벌써 드러났기 때문이다. 이 글처럼.

명상의 이익은 여기에도 있다. 상대에게 드러내기 이전의 내 생각을 보고 아는 기술이 명상이기 때문이다. 명상 생활이 몸에 익을수록 자기 생각이나 감정을, 거리를 두고 볼 수 있는 마음 근력을 갖추게 된다.

이렇게 보면 나의 완전한 쉼이 왜 어려웠는지 보인다. 우리는 '아무것도 안 하기를 못 하는 병'을 앓고 있는 게 아닐까? 진정한 휴식을 할 수 없거나, 모바일 폰의 숏츠라도 보고 있어야 뭔가를 하고 있는 것처럼 느끼거나, 일 속에 파묻혀 있어야 하거나, 외롭게 될까 봐서 두렵거나……. 명상은 이런 반복과 의심에서 벗어나는 길이다.

#3
성공과 실패만 비워도
일상이 명상이다

———

명상을 하려는 사람이 무의식중에 내면화하기 쉬운 욕구가 있다. 이왕이면 눈에 띄는 성과를 얻고 싶은 욕망이다.

'내가 명상이라는 정신 작업 중이라는 사실을 사람들이 한눈에 알아볼 수 있으면 좋겠다. 이 명상을 통해서 나의 몸과 마음이 편안하고 유연하고 창의적이게 되어서 그동안 생각지도 못했던 아이디어들이 폭포처럼 쏟아지면 좋겠다. 이것이 다 욕심이라면 하다못해 몇 달 전에 만난 내 친구에게서 안색이 좋아졌다는 말이라도 듣게 되면 좋겠다……'

명상을 시작하면 부지불식간에 이런 소망을 갖게 된다. 남들은 평생에 한 번도 하지 않고 살다가 생을 마치는 명상이란 걸 지난 며칠 동안 하루 30분씩이라도 했다면 이런 욕구가 일어나는 게 당연하다. 스스로 자랑스럽기도 하다.

'세상에, 내가 허리를 곧게 펴고 눈을 감은 채 미동도 없이 30분이나 앉아 있었다니! 이런 연습을 하루도 아니고 이틀도 아니고 일주일이나 했잖아!'

이실직고하자면, 단 며칠 동안의 명상을 통해 이러한 희망을 충족시키는 일은 기대하기 어렵다. 누군가의 표정이나 태도가 바뀌는 것은 오랜 세월 비바람에 노출된 바위의 형상이 변하는 사태와 맞먹는 일이다.

당신이 먹고 있는 음식, 무의식적 정신 작용, 언어, 태도, 의도, 표정, 말투 등은 정좌 명상 몇십 분을 몇 차례 했다고 해서 바뀌지 않는다. 감추고 싶은 당신의 취약점을 명상이 바꿔주는 건 거의 없다.

몸이 달라지는 가장 효과적이고 빠른 방법은 음식의 질과 양과 내용에 있지, 명상이 그 역할을 대신해주지 않는다. 몸의 핵심은 당신의 '바깥 몸'인 음식이다. 지금 눈앞에 놓여 있는 음식이 당신의 몸매와 건강의 실체에 가장 가깝다. '바깥 몸'과 동의어인 식사의 질량을 바꿀 의지는 없으면서 명상으로 몸이나 건강이 바뀌기를 바라는 건 난망한 일이다.

사람의 낯빛이나 풍기는 이미지도 마찬가지다. 그것을 바꾸고 싶으면 표정과 태도와 말투와 말을 바꾸기로 결심하는 것이 명상보다 더 빠르고 효과적이다. 만약 생전 처음 접하는 또래 집단에 들어가면서 이제까지 살아온 모습을 싹 지우고 훨씬 스마트한 인상을 주기로 작정한다면, 그 결심만으로도 당신의 태도와 말투는 물론 인상도 달라질 수 있다. 대본에 따라 연기하는 배우처럼 표정과 태도의 변화에 혼신을 다한다면, 명상으로 뭔가를 바꾸려는 것보다 신속하고 강도 높게 탈바꿈할 수 있다.

명상은 당신을 신속하게 변화시키는 묘약이 아니다. 그런 점에서 명상은 비효율적이다. 명상을 하는 사람이 며칠 만에 젊어진다거나, 눈빛이 맑아진다거나, 사람이 선량해진다거나, 건강이 좋아진다거나 하는 일은 좀체 일어나지 않는다. 그런데 2~3개월 정도 진득하게 명상을 한 사람들이 공통으로 하는 말이 있다.

"요즘 내가 변했다는 말을 자주 듣는데 나는 잘 모르겠어요."

이건 또 무슨 말인가! 명상은 사람을 변화시키는 묘약이 아니라고 손사래를 치지 않았던가! 그런데 명상을 하고 난 후 변했다니, 어느 쪽 말이 진실인가?

명상을 하다 보면 당신은 변한다.

그런데 무엇이 변할까? 무엇이 변해서 당사자는 모르는데 주변에서 먼저 알아보는 것일까?

호흡 명상이든 걷기 명상이든 상당 기간 명상 생활을 하면 어떤 변화가 생기는 건 사실이다. 흥미로운 건 그 변화를 주변 사람이 먼저 느낀다는 점이다. 그 이유는 명상 생활을 통해 당신이 '성공과 실패'라는 흑마술에서 벗어나고 있기 때문이다. 이 흑마술은 인류의 조상 대대로 내려오는 유전자와 관계가 깊다.

영장류 중에서도 끝내 살아남은 호모 사피엔스라는 인류는 어쩌면 성공과 실패라는 생존 기준에 별스럽게 예민한 종이 아니었을까? 자신과 종족의 생존을 위한 먹을거리 앞에서 성공 또는 실패라는 결과치보다 더 삼엄한 가치는 없었다. 오죽하면 오늘날과 같은 우주 과학 시대에도 우리의 의식을 옭아매고 있겠는가? 이것은 10년 동안 나무에 묶여 있던 코끼리가 줄이 풀린 다음에도 그 나무 곁을 벗어나지 못하는 형국과 같다. 산돼지 한 마리를 잡으면 성공이고 잡지 못하면 실패인 하루, 이러한 양극단의 상황에 놓인 삶을 인류는 수십만 년 동안 유지해왔다.

21세기를 사는 우리의 유전자 안에서 단 두 개의 단어를 추출하라는 명령이 떨어진다면 그것은 단연코 성공과 실패다. 성공과 실패는 우리를 따라다니는 그림자와 같다. 원하는 결과를 얻으면 성공이고 얻지 못하면 실패인 삶의 굴레다. 처음 간 식당에서 음식을 먹으면서 당신은 무심코 생각한다.

'아, 오늘 점심은 실패야!'

무엇 때문에 실패라고 생각했을까? 성공과 실패의 언어 안에 있을 구체적인 내용을 물어보면 대개 허둥댄다. 간간한 국물, 짭조름한 토하젓, 뒷맛이 고소한 고등어구이를 음미하면서 음식과 일체가 되어 밥을 먹는 경우는 드물다. 대개 음식 따로, 의식 따로 밥을 먹는다. 밥을 먹는 순간에도 '맛이 좋다'거나 '맛이 없다'는 두 종류 의식만 작동한다. 맛이 좋으면 성공이고, 맛이 없으면 실패다. 택시에 오르면서 짧은 인사를 나누는 순간에 기사님의 말투가 마음에 걸리면 '아, 이 택시 잘못 탔어!' 하고 실패 딱지를 붙인다.

인지행동치료의 대가인 아론 벡은 그의 책 『Love is Never Enough 사랑은 결코 충분하지 않다』에서 인간의 인지 구조가 어떻게 왜곡되어 있는지 설명한다. 그는 우리가 세상을 바라볼 때 성공과 실패라는 이분법적인 잣대를 사용하며, 그 결과 비합리적인 신념을 갖게 된다고 주장한다.

명상은 우리의 유전자 속에 이어져 오는 양극단의 의식 세계를 관찰하는 일이다.

'내가 저것을 좋아하고 이것을 싫어하는구나.'

'경찰은 범법자한테 의존해서 생존하고, 범법자는 시민들의 조심성을 일깨워주기도 하는구나.'

명상은 이렇게 양극단이라는 그림자를 지우고 의식의 시야를

넓혀가는 작업이다. 어느 시점에서든 대상을 있는 그대로 볼 수 있는 다초점, 다층적 의식의 확장을 실행하는 일이다. '성공이냐 실패냐'라는 단순 세계에서 벗어나는 노력이다. 성공과 실패라는 이 등분 의식만 벗어나도 우리는 두 개의 견고한 울타리 밖에서 바람처럼 자유롭다.

이를테면 저녁 먹거리 사냥을 떠난 사람이 산돼지나 노루를 잡아야 한다는 강박감을 훌훌 털고 그것을 잡지 못하는 두려움을 비우게 된다면? 그렇게 마음을 바꾼 순간 사냥이라는 생존 투쟁에서 벗어나게 된다. 그 순간 그는 넓고 푸른 초원에 소풍 나온 존재가 된다.

몰입의 즐거움을 강조한 심리학자 미하이 칙센트미하이는 명상과 같은 자기 집중을 '시간이 멈춘 듯한 느낌'이라고 묘사한다. 명상을 통해 우리는 성공과 실패라는 집착에서 벗어나 현재에 몰입하는 경험을 할 수 있다. 이는 곧 삶의 만족도를 높이는 중요한 요소가 된다.

'어떤 결과가 나와도 좋아. 이 프로젝트는 과정 자체가 성과야!'

우리의 삶도 마찬가지다. 사냥의 성공과 실패, 업무의 성공과 실패, 사랑의 성공과 실패, 시험의 성공과 실패…… 이 모든 양극단에 무엇이 있는가? 절벽이 가로막고 있는가? 철조망이 쳐 있는

성공과 실패라는
이등분 의식만 벗어나도
우리는 두 개의 견고한
울타리 밖에서
바람처럼 자유롭다.

가? 아무리 들여다봐도 내 기억과 감정이 만들어놓은 실루엣일 뿐이다.

이 마음의 그림자를 직시하면 어떤 일이 벌어질까? 살아가는 것 자체가 이미 성공인 것을 확인하는 날이 온다. 명상은 어쩌면 그런 과정을 매만지며 살아가는 일이다.

성공과 실패라는 악마의 기둥을 뽑아냈을 때 당신에게 홀연히 다가오는 것은 '지금 여기'다.

#4
명상은 몸과 마음의
예방 의학이다

명상 생활을 통해서 몸과 마음에서 일어나는 여러 병증을 치료할 수 있을까? 얼마든지 가능하다. 허버트 벤슨, 존 카밧진, 래리 도시 등 의학자들은 명상을 활용한 스트레스성 질환, 만성질환 치료의 연구 사례와 효과성을 보고하고 있다. 이와 같은 연구 성과는 소위 대체의학, 자연의학, 원격 치료 등이 일반화되어가는 배경이기도 하다.

그렇다면 명상을 통해 몸과 마음의 질병에 대한 '예방'은 어느 정도 가능할까? 몸 어딘가에서 자리 잡은 염증이나 질병의 징후를 사전에 알 수 있을까?

과학에서는 이미 확인됐지만 우리가 잊고 사는 사실이 있다. 사용하지 않는 기능은 퇴화한다는 점이다. 갓 태어난 쥐를 흰 상자에 2주일만 가둬놓으면 눈이 멀게 되며, 실험 쥐를 소리 없는 곳에

넣고 키우면 머지않아 귀머거리가 된다. 바다의 멍게는 올챙이처럼 헤엄쳐 다니던 유생 시절에는 뇌를 갖고 있지만, 바다나 암초 따위에 정착한 후에는 자기 뇌를 스스로 먹어 치우고 해수를 걸러 먹는다. 성장한 해파리는 뇌가 없다. 몸의 촉수만으로 생명 활동을 영위할 수 있기 때문이다. 생명계 전반에 걸쳐 나타나는 이런 현상은 모든 생명과 각 기관은 필요에 따라서 스스로 발달하거나 퇴화한다는 사실을 시사한다.

사람의 감각도 마찬가지다. 쓰지 않으면 퇴화하고 자주 쓰면 발달하고 강화되는 현상을 '신경 가소성'이라고 한다. 칭찬과 지지를 받은 경험이 넉넉한 사람은 성인이 된 후에 부정적인 조건에서도 자신과 상대방의 칭찬거리를 찾는 데 익숙하다. 칭찬과 지지라는 경험 신경이 발달했기 때문이다.

사람 간의 관계성도 그렇다. 가족 관계 훈련이 잘된 사람의 두 뇌는 그것을 관장하는 뉴런과 시냅스가 촘촘하고 복잡하게 발달되어 있는 것으로 나타난다. 관계성이 중요한 생활의 현장에서 그의 출발선은 벌써 저만치 앞서 있는 셈이다.

좋은 소식은 '신경 가소성의 유연성'이다. 뇌과학에 의하면 명상과 같은 의도적인 훈련은 퇴화된 뇌의 역할을 다시 회복시킬 수 있다고 한다. 뇌의 회복은 마음의 회복이기도 하다. 마음 근육 또는 알아차림의 근육을 단련시키면 그동안 쓰지 못했던 여러 기능과 건강까지도 활성화할 수 있다. 마음 또한 '어디에 어떻게 쓰느냐'에 따라 '그 마음'이 발달하고 강화된다.

명상 근육을 단련시키는 일은 왜 필요할까? 이 질문은 몸 근육을 단련시키는 게 왜 중요하냐고 묻는 것과 같다. 명상 근육의 단련은 '자기 관찰에 따른 자기 발견의 힘'을 강화시킨다. 육체적 근육이 강해지면 무겁고 큰 물건을 가볍게 운용할 수 있듯이 명상 근육도 마음을 고요하고 평화롭게 쓸 수 있도록 돕는다.

'마음이 고요하고 평화롭다'를 한마디로 축약하면 '행복'이다. 『알아차림에 대한 알아차림』의 저자인 루퍼트 스파이라는 어떠한 상황에서도 행복은 '고요하고 평화로운 마음'을 수반한다고 한다.

그렇다면 고요하고 평화로운 마음의 속성이란 어떤 것일까? 축구 선수 손흥민을 떠올려보자. 손흥민 선수의 팬은 그가 후반 막바지에 역전 골을 넣는 영상을 돌려볼 때마다 행복감이 차오른다. 그 장면에 의식을 집중했기 때문이다. 이것이 고요와 평화의 상태다. 그 순간 그는 다른 생각을 할 수가 없다.

반면에 눈을 감고 척추를 꼿꼿이 세우고 앉아서 지옥을 경험하는 사람도 있다. 눈을 감았는데 어제 나를 곱지 않은 시선으로 바라보던 상사의 얼굴이 떠오르거나 내 친구를 사랑한다고 고백한

여자 친구 생각이 난다면 어떨까? 돌부처처럼 앉아 있는 몸의 자세만 보면 큰 산 같지만, 그의 마음은 전쟁터와 다름없다. 고요와 평화는 순전히 마음 현상이기 때문이다.

명상은 고요와 평화의 마음을 강화하고 훈련하는 일이다. 기본적으로 고요와 평화의 감정을 개발하는 것이 명상이다. 지극한 고요와 평화의 시간, 즉 명상의 시간을 더 자주 갖게 된다면 자신에 대한 평정심과 민감성, 기쁨, 행복감을 확장시켜나갈 수 있다.

우리는 늘 두 개의 현실을 산다. 하나는 몸의 현실이다. 몸은 나의 행동과 태도를 드러내면서 소통과 표현의 수단으로 작용한다. 다른 하나는 마음의 현실이다. 눈에 보이지 않지만 생각과 감정이 비눗방울처럼 부유하는 정신 작용이다. 제2장에서는 이와 같은 '두 개의 현실'과 명상의 관계를 이야기한다. 우리는 이 두 개의 현실이 일치하는 순간에 기쁨과 만족을 느낀다. 하지만 몸을 에워싼 환경과 마음이라는 내면은 생각보다 자주 부딪히며 갈등을 일으킨다. 놀고 싶은 순간에 과제가 주어지거나 울고 싶은데 손님이 다가오기도 한다. 내 안의 현실과 환경의 불일치는 스트레스를 낳는다. 명상은 이런 두 현실을 조화롭게 만드는 기술이다.

제2장

우리는 모든 순간
두 개의 현실을 산다

"상위 인지메타 인지는 바닥 면이 넓은 돗자리의 중앙을
 허공으로 들어 올려 기둥을 세우는 것과 같다.
 당신은 자신의 내면에 입체적 심리 공간이
 펼쳐지는 것을 경험할 수 있다.
 나의 의식이 나에게서 빠져나와
 내 몸을 바라보는 형상인 것이다."

＃1
우리는 모든 순간
두 개의 현실을 산다

제목을 보면서 당신은 생각한다.

'내가 사는 세상이 두 개라고? 무슨 뚱딴지같은 소리야!'

당연하다. 당신은 지금 눈으로 무엇인가를 보고 있거나, 코로 꽃향기를 맡고 있을지도 모른다. 어느 유명 맛집의 파스타를 먹으면서 시큼한 듯 고소한 맛이 입안 가득 차오르는 느낌에 몰입되어 있을지도 모른다. 이 모든 것이 하나의 행위 속에서 이루어지고 있다. 지금 내가 직접 체험하고 있으니 틀림없다. 그런데 이 순간이 두 개라니?

당신은 분명히 '한 존재'임에도 동전의 양면처럼 두 종류의 현실을 경험한다. 내 마음이라는 현실, 즉 '내 안의 현실'이 하나의 현실이다. 다른 한쪽은 주로 몸을 통해서 표현하는 나의 외부적 현실, 즉 '내 밖의 현실'이다. 내 밖의 현실은 주로 표정이나 태도, 몸짓 등 타인에게 드러나 보이는 나의 언행이다. 내 안의 현실을 다른 말로 표현하면 주관적 현실이라고 하고, 내 밖의 현실을 객관적 현실이라고 할 수 있다.

사장실에 다녀온 이 부장이 잡쳤다는 표정 반, 결기에 찬 표정 반을 섞어서 말했다.

"이거 밤새서라도 내일 아침까지 마칩시다."

당신은 마침 머리가 지끈거려서 벌써 몇 차례 시계를 쳐다보고 있었다. 퇴근하면 회사 앞 사우나탕에서 몸부터 담그고 볼 참이었다. 그런데 야근이라니!

이때 당신에게는 대체로 두 가지 사건이 동시에 일어난다. 한쪽은 마음이라는 내 안의 현실이다. 그 마음은 분노인지 실망인지 모를 감정에 휩싸인다. 하지만 내 밖의 현실은 그런 마음을 가볍게 묵살한다.

"아, 네. 언제든 마쳐야 할 일인데요. 야근해야죠, 뭐!"

그렇게 대답하는 자신을 향해 내 안의 현실이 눈을 흘긴다.

'언제든 마칠 일 좋아하시네! 너 꼭 그렇게 살아야겠어?'

타인의 눈은 물론 자신조차도 잘 알기 어려운 내 마음이다. 몸의 행위와 마음의 행위, 당신은 이렇게 두 개의 현실을 동시에 경험한다.

명상은 바로 이 순간 내가 경험하는 '두 개의 현실'을 함께 봐주는 일이다. 다시 말하면 '언제든 마칠 일 좋아하시네!' 하며 불끈거리는 마음의 힐난과, '아, 네. 언제든 마쳐야 할 일인데요' 하며 사람 좋은 표정을 지어 보이는 나의 양 측면을 지켜보고 공감해주는 일이다. '좀 아쉽긴 하지?' 하면서 말이다.

#2
명상은 내 몸과 마음의 관계를
친하게 하는 일이다

———

오늘 하루만 놓고 봐도 내 마음대로 안 되는 일이 한두 가지가 아니다.

화장실에 가려고 일어서는데 소비자 문의 전화가 뒷덜미를 잡아챈다. 점심 후 책 좀 읽으려는데 후배 직원이 말을 걸어온다. 기안을 작성하려고 복잡한 자료들을 뒤적이는데 부장이 회의를 하자고 불러 모은다. 어쩌다 시간이 나서 모니터에 주가 동향 그래프를 열었는데, 부서 순시라고는 1년에 고작 두어 차례 들르던 사장님이 떡하니 의자 뒤에 서 있다…….

세상일이 내 마음대로 돌아가지 않는다는 것쯤은 충분히 이해할 만하다. 그런데도 예상치 못한 돌발 사태 앞에서는 늘 벌레 씹은 것처럼 적응하기 어렵다. 돌아보면 이런 날이 한두 번이 아니다. 어린 시절부터 계속되어왔다. 학교에서 돌아와 텔레비전을 막

켰는데 퇴근하고 돌아온 아빠가 내게 묻지도 않고 채널을 돌린다. 회사 핑계를 대고 혼자 여행이라도 다녀오려는데 아내가 친구들 부부 모임 날짜가 잡혔다고 통보해온다.

하지만 내 안의 현실과 내 밖의 현실이 항상 결렬되고 어긋나는 것만은 아니다. 이를테면 거실 소파에 멍하니 누워 텔레비전을 보면서, 누가 홑이불이라도 덮어주면 좋겠다고 생각하는데 딸이 홑이불 한 장을 말없이 덮어준다. 유난히 운동 한 게임 하고 싶은 날, '언감생심 내 팔자에……' 하면서 마음을 비우려는 순간 친구에게서 전화가 온다.

"이번 주 일요일 어때?"

이처럼 두 개의 현실이 일치할 때 당신은 몸의 이완을 느끼고 행복을 경험한다. 그야말로 몸과 마음이 통합되는 순간이다. 희망과 성취가 동시에 이루어진 것이다. 놀고 싶을 때 놀 수 있는 환경, 자고 싶을 때 잘 수 있는 조건, 인정받고 싶을 때 인정받는 일…… 당신은 이렇게 내외부 상황이 일치하는 세상이 좋다. 몸과 마음이 통합되는 순간이다. 그런데 이렇게 단순하고 소박한 일상이 언제부턴가 나한테서 멀어져 갔다.

아득하다. 내 마음대로 먹고 자고 놀았던 기억이 아득하다 보니, 세월이 가면서 그 희망을 잊고 말았다. 어차피 내 인생에 그런 유토피아는 없다고 나도 모르게 포기했을지도 모른다.

그토록 무성했던 나의 꿈과 소망, 야망, 희망 따위는 다 어디로 갔을까? 그런 점에서, '인류는 자기 자신으로부터 소외당한 자'라고 논파한 헤겔의 한마디는 정곡을 찌른다. 우리는 마음이라는 삶의 뿌리를 잊은 채 돈과 명예, 사랑에 끌려다녔을지도 모른다. 파도가 심해를 들여다볼 수 없는 것처럼 자신의 마음으로 돌아가기 어려운 상태가 됐을지도 모른다.

지금이라도 마음의 힘을 회복해줄 방법은 없을까?

왜 없겠는가! 자본주의 사회를 살아오면서 돈과 명예, 사랑을 좇아 정신없이 내달렸음을 인정한다면 해법은 간단하다.

'일상에서 가끔 자신에게 되묻기!'

이게 무슨 마음이지? 손을 뻗으면서 물어보라. 무슨 마음이 이 손을 뻗게 하지? 반드시 당신의 마음은 답할 것이다. 수저를 잡으려고. 또는 팔이 뻐근해서. 그 질문 하나로 당신은 자신의 마음 안쪽으로 쓱 들어간 것이다. 그 순간 당신은 자신의 의도라는 마음을 본 셈이다. 어떤 상황에서든 '지금 내가 무슨 마음이지?'라고 묻는 것은 잃었던 마음의 영토를 한 뼘씩 되찾아가는 일이다.

물론 마음의 관성은 그런 질문을 쉽게 용인하지 않는다. 처음에는 애써 의도적으로 질러보는 수밖에 없다.

'지금 무슨 마음이지?'

'무슨 마음으로 나는 이걸 하지?'

질문이 단순해서 효과가 있을지 의심이 들 것이다. 하지만 분명한 이득이 있다. 이 단순한 질문이 당신에게 심리적 공간을 선물한다는 점이다. 이 질문은 숨차게 내달리는 문장 속 쉼표처럼 당신의 의식을 아주 잠깐이나마 멈추게 한다.

#3
명상은 평면적 삶을
입체적 삶으로 바꾸는 일이다

———

육체가 전부인 줄 알고 사는 사람은, 몸이 무료하면 전 존재가 무료해진다. 몸이 아프면 전 존재가 아프고 두렵고 혼란스럽다. 몸이 홀로 있으면 외로움이나 두려움에 빠져 사방을 두리번거린다. 심심하던 차에 친구에게서 문자나 전화가 오면 눈이 반짝인다. 나의 전부인 몸을 동작할 일이 생겼기 때문이다.

몸이 전부라는 생각에 갇힌 사람은 외부 조건에 반응하거나 대응하면서 사는 일에 하등 의심이 없다. 배가 고프면 먹고, 잠이 오면 자고, 몸이 불편하면 화내거나 좌절하고, 몸이 편하면 다 좋다. 이렇게 몸이 시키는 대로 움직이는 게 좋은 삶이라는 무의식적인 신념에 갇혀 지낸다.

책을 읽거나 다른 사람의 입장을 유추해보는 공감적 사유 같은 건 관심이 없다. 심지어는 그런 사람이 시원찮아 보이기도 한다.

내가 무슨 의도나 목적을 갖고 행동하는지, 무슨 마음으로 화를 내는지 알려고 하지 않는다. 주변을 살피거나 과거에서 교훈을 얻으려는 자세는 겁쟁이들이나 하는 짓이라고 생각한다. 눈에 보이지도, 손에 잡히지도 않는 마음 따위에 신경 쓰는 건 그러잖아도 복잡한 세상사를 괜히 긁어 부스럼 만드는 일이라고 생각한다. 그렇게 사는 게 맞다는 굳은 신념 하나만 호신총처럼 끼고 산다.

그러므로 몸과 마음이라는 '두 개의 현실'을 이해하는 것은 일생일대의 전환이 될 수도 있다. 삶이 몸과 마음이라는 새의 양 날개 같은 사건의 연속임을 깨닫게 되기 때문이다. 나라는 존재가 몸뿐이라는 의식에 갇혀 지내온 세상을 벗어나는 일인 것이다.

생각보다 많은 사람이 몸으로 사는 삶이라는 2차원적 평면의 세상을 산다. 그런데 사실은 누구나 그런 2차원적 평면도의 시절을 거친다. 진화 생물학에 의하면 모든 인류는 모태 안에서 어류, 양서류, 파충류, 포유류로 이어지는 인류 생명 진화의 전 과정을 경험한다. 당신 또한 유아기와 아동기 의식은 평면적 2차원 사고라는 매트릭스에서 의심 없이 편안했다. 수백만, 수천 년 동안 인류가 '지구는 넓고 평평한 평면'이라고 확신하며 살아온 것도 같은 맥락이다.

그리하여 오늘날이다. 그러나 사춘기 이전 또는 그 이후에도 3차

명상은
평면적 삶을
입체적 삶으로
바꾸는 일이다.

원적 입체 의식의 계기를 만나지 못하면 2차원적 평면 의식은 인생 후반기에도 이어진다. 평생 자신의 마음이라는 세계를 스스로 지휘하며 살아보지 못하거나 무관심으로 지낸다.

당신은 내 몸과 마음이라는 '두 개의 현실'이 거의 동시에 작동한다는 사실을 알고 이해했다. 미처 몰랐던 내 안의 한 측면을 새롭게 발견하게 된 것이다. 그러다 보니 자신을 대상으로 관찰해야 할 몫도 두 배가 됐다.

얼마나 놀라운 일인가? 몸을 움직이면서 내 마음이라는 볼거리가 생겼다니! 내 마음을 보면서 내 몸이 어떻게 반응하는지 동시에 알게 됐다니!

그동안에는 먹고 마시고 눕고 잘 수 있는 몸의 세계가 전부인 줄 알았다. 그래서 가슴이 답답하거나 골치가 지끈거려도 약국이나 병원이 아니면 해결할 길이 없었다. 그런데 이제 몸과 마음이라는 시스템이 한 존재 안에서 동시에 작동하면서 지금의 현실을 만든다는 사실을 알게 되었다.

이와 같은 정신 작용을 심리학에서는 상위 인지上位認知, metacognition, 메타 인지라고 한다. 상위 인지는 바닥 면이 넓은 돗자리의 중앙을 허공으로 들어 올려 기둥을 세우는 것과 같다. 당신은 자신의 내면에 입체적 심리 공간이 펼쳐지는 것을 경험할 수 있다. 나의 의식이 나에게서 빠져나와 내 몸을 바라보는 형상인 것이다. '두 개의 현실'을 본다는 것은 곧 당신의 삶을 평면에서 3차원 입체로 차원 이동시킨 사건이다.

———

부정적인 생각과 감정을 있는 그대로 표현하면 어떤 일이 벌어질까? 분노, 슬픔,
질투, 수치심 같은 감정의 무늬로 흉측해진 형상이 그려지지 않는가? 제3장은
이와 같은 문제의 해결책을 제시한다. 마음의 방향을 타인에게서 자기 자신에게
돌렸을 때 내 안에서는 어떤 일이 일어나는지를 알아본다. 명상은 타인을 향해
치닫는 마음을 자신에게 되돌릴 수 있는 마음의 습득이다. 그런 순간의 반복이
자기 신뢰감으로 발전할 때, 당신의 삶은 확장하다.

제3장

내가 나를 보면 명상,
내가 너를 보면 망상

"명상의 다른 표현은 '알아차림'이다.
'보고, 듣고, 말하고, 맛보고, 만지고, 생각하는'
6가지 감각 기관이 관찰 대상에 어떻게 작동하는지
유심히 지켜보는 마음가짐이다."

#1
명상,
마음의 고향으로 가는 일

———

명상冥想, 瞑想의 '명'은 '어두울 명冥'과 '눈감을 명瞑' 두 한자를 함께 쓴다. '상'은 '생각 상想'이다. '어두움을 생각한다' 또는 '눈을 감고 생각한다'라고 풀이한다.

그런데 '눈을 감고 생각한다'는 의미는 알겠는데, '어두움을 생각한다'는 풀이에는 고개가 갸우뚱해진다. 더군다나 요즘은 '어두울 명冥'을 쓰는 경우가 더 자주 눈에 띈다. 그렇다면 '어두울 명'의 어두움에는 뭔가 숨은 뜻이 있을 것 같다.

'어두울 명冥'은 중국의 갑골 문자에서 발견된다. 이것은 사람이 세상에 태어나기 전의 어두움, 말하자면 어머니 자궁 속에서의 어두움 또는 그 이전의 어두움을 뜻한다. 내가 태어나기 전의 세상을 생각한다니, 이 얼마나 고요한 세상인가? 당신의 진짜 고향은 바로 이 고요함일지도 모른다.

서양에서 보는 명상은 다소 다르다. 명상의 영어 표현은 메디테이션Meditation으로, 그리스어의 메데리Mederi, 치유하다가 어원이다. 서양의 명상은 '치유'나 '치료'와 관계가 있는 것이다.

그렇다면 오늘날 동서양을 막론하고 명상의 본가本家처럼 인식되어 있는 불교 명상은 어떨까? 놀랍게도 불교에서는 명상이라고 할 만한 언어가 보이지 않는다. 다만 '수행, 개발' 등으로 번역되는 '바와나vhāvanā'라는 용어에서 오늘날의 명상적 요소를 찾을 수 있다. 바와나는 현대의 인지심리학을 포함하여 오늘날 행해지는 거의 모든 명상의 방법과 실천을 포괄적으로 담고 있다. 차츰 이야기되겠지만, 불교 명상의 실천 또한 '고요함과 알아차림'이라는 심리요인이 핵심이다.

어떤 문화권의 명상이든 그 바탕에는 '고요함과 평화'가 놓여 있다. 서양 명상의 치료나 치유의 지향점도 고요함과 평화다. 고요함과 평화는 생명의 원인이면서 결과다.

이 생각을 입증하는 방법은 간단하다. 당신이 세상에 태어나기 전이나 죽음 이후를 사유해보면 금세 알 수 있다. 당신은 복잡하고 어지러운 일상에서도 문득 한적하고 깊은 숲길이나 조용한 해변을 그리워한다. 휴가철이 되면 도시 사람들이 조용한 자연을 찾아가는 이유, 격전지 같은 일터를 떠나 혼자만의 여행을 떠나고 싶어

하는 마음도 바로 자신의 근본인 고요함에 대한 그리움 때문이다.

기도나 명상을 하지 않는 사람도 살아가는 도중에 불현듯 자신의 본래 모습을 발견할 때가 있다. 당신에게도 가끔 이런 순간이 있을 것이다. 몸과 마음에 한없는 고요와 평화가 깃들면서 '나'를 정확히 만난 것 같은 체험. 그것은 마치 구름 사이로 강렬하게 내리쪼이는 햇빛을 받는 것처럼 고양감에 빠지게 한다.

온갖 사념의 먹구름 뒤에서 본래부터 지금까지 이 순간만을 기다리고 있던 햇빛이 몸과 마음의 세포 하나하나에 스며드는 기분이 들기도 한다. 명상은 바로 내 몸과 마음에 대해 스스로 햇빛 같은 역할을 하는 일이다.

#2
집중하면 고요해진다

우리는 몸과 마음이 고요해야만 정신을 차릴 수 있다. 만약 주변이 시끄러운 소리로 가득한데 '1분 안에 긴 문장을 암기하지 못하면 감당하기 어려운 벌칙이 기다린다'면 어떻게 될까? 그래도 소음이 귀를 울리며 짜증을 유발할까, 아니면 세상의 어떤 잡음도 들리지 않는 상태를 경험하게 될까? 모르긴 해도 '1분 안에 긴 문장을 암기해야 하는 일'과 같은 목적을 향해 의식이 강하게 집중한다면 소음은 사라지고 깊이 고요해질 것이다.

살아오면서 뜻밖에도 일이 잘 풀렸던 기억을 돌이켜보자. 영화의 한 장면을 떠올리면 도움이 된다. 주인공이 달리는 마차에 끌려가고 있다. 마차에 묶인 주인공의 몸은 포대 자루나 진배없다. 그의 몸은 순식간에 피와 땀이 배어 낡은 헝겊 쪼가리 형국이 된다.

그런데 갑자기 그의 눈빛이 살아난다. 흙먼지를 일으키며 난폭하게 끌려가는 상황에서 그가 기다리던 어느 한순간이 되자 의식을 집중한 것이다. 그리고 고요해진다. 이미 사태는 반전된다.

당신이 어려운 상황에서 딛고 일어섰던 순간을 돌이켜보면 바로 이 영화의 한 장면과 중첩될 것이다. 그것은 마치 날아가던 새가 몸을 정지하여 고요하고 맑은 호수 속을 들여다보는 것과 같다. 정지하고 집중하는 시간이 충분할수록 호수 바닥이 선명하게 들여다보인다. 몸과 마음의 고요함은 이렇게 모든 사태의 본질을 꿰뚫으면서 지혜의 길을 찾을 수 있게 한다.

반대로 적막강산을 거닐고 있어도 복잡한 생각 속에 휩싸여 있으면 온 세상이 복잡하게 여겨진다. 지금 막 사랑을 시작한 사람은 온 세상이 환하고 하늘에 뜬 먹구름도 솜이불 같을 것이다. 고요함은 내 몸과 마음의 바깥에서 주어지는 것이 아니다.

#3
잡념이 없으면 큰일이다

—

"명상을 하고 싶은데, 잡념이 너무 많아서 해볼 수가 없어요."
"나도 마음을 비우고 싶은데, 어떻게 하는 것이 비우는 것인지 잘 모르겠어요."

이렇게 묻고 있다면, 당신은 정말 명상 공부를 하고 싶은 게 틀림없다. 진실로 그런 마음이라면, 그 마음을 갖는 순간 자신이라는 소우주로 떠나는 여행자라고 할 수 있다. 이제 당신은 '자기 자신을 보고자 하는 마음 한 장'을 챙기는 것으로 충분하다. 당신은 사실 눈만 감으면 일어나는 많은 생각을 바라볼 기회가 있었다. 그런데 그것은 잡념일 뿐 '진정한 나를 찾아가는 여행'과는 거리가 멀다는 생각에서 거들떠보지도 않았거나 귀찮아했다.

'뭔가 특별한 게 있을 거야. 명상이란 게 이렇게 모기 같은 잡념들한테 물어뜯기고 앉아 있는 건 아닐 거야.'

그러다 보니 열쇠를 손에 쥐고 찾아 헤맨 격이 된다. 가끔 조용한 곳에 앉기도 하지만 그다음부터 어떻게 해야 할지 막막해진다. 남들 하는 대로 눈을 감아보기도 하지만 별 뾰족한 수가 생기지 않는다. 뾰족한 수는커녕 생각지도 않았던 오물 같은 생각들이 머릿속을 가득 채우고 만다. 이러한 자신이 실망스럽기 그지없다. 화가 나기도 하고 당장 때려치우고 싶기도 하다. '무슨 영화를 보겠다고 명상을!' 하며 혼자서 불뚝 성질을 부리기도 한다.

모기떼 같은 잡념들이 문제다. 눈만 감으면 봇물 터지듯 올라오는 잡생각들 말이다.

'몸과 마음이 고요한 사람은 선천적으로 타고난 자질이 있어야 해. 난 명상하고는 거리가 먼 사람이야. 명상은 나 같은 사람이 할 수 있는 게 아냐.'

만약 명상을 처음 해보는 사람에게 아무런 잡념이 없다면 어떻게 될까? 잡념은 생각이고, 생각은 그 사람의 의식이 만들어낸 '마음의 움직임'이다. 그러니까 생각이 없다는 것은 의식이 없다는 뜻이다. 사람에게 의식이 없으면 몸만 남게 된다. 몸만 남아 있다는 것은 무슨 의미인가? 우리 몸은 수분, 탄수화물, 칼륨, 칼슘, 단백질, 철, 마그네슘, 지방 따위로 만들어진 고깃덩어리에 불과하다.

잡념은 내가 살아 있는 사람이라는 가장 유력한 증거다. 우리의 몸은 기본적으로 '정신의 집'이다. 그 정신의 집 속에 숱한 생각과 기억과 느낌과 감정과 개념과 관념 따위가 깃들어 있다. 잡념은 내 안에서 반짝이는 별과 같다. 자기 주인에게 내 안의 진실을 봐달라고 반짝이는 크고 작은 마음의 움직임이다. 그것들을 우리는 생각, 기억, 지식, 감각, 감정, 느낌, 가치관, 주관, 관념, 개념 등이라는 이름을 붙이고 있다.

유감스럽게도 우리는 그것들을 유심히, 구체적으로 보살펴주지 않는다. 내 안에서 끊임없이 보채면서 반짝이는 생각들, 기억들, 감정들, 관념이나 신념들에게 따뜻한 눈길 한번 제대로 주지 않는다. 명상을 방해하는 잡동사니일 뿐이라는 생각에 그저 귀찮게 여겼을 뿐이다. 불면과 불안감 따위를 조성하는 내 안의 부랑자쯤으로 취급하기도 했다. 누구에게나 그런 잡스러운 생각들은 당연히 있는 게 아니냐는 생각을 해오기도 했다.

마음공부를 처음 접했을 때 그 숱한 잡념을 '그냥 영화 보듯이 바라보라!'고 한 안내자의 말을 나는 지금도 잊지 못한다. 그동안 아무리 눈을 감고 마음을 고요히 하고 싶어도 머릿속을 휘젓는 잡념들 때문에 단 5분도 넘기지 못하고 한숨을 내쉬며 눈을 뜨곤 했던 것이 한순간에 해결되었다.

'이거였구나! 내 안의 생각들을, 온갖 번뇌들을 영화 화면 바라보듯 할 수 있다니!'

내 안의 생각들도 저만치 놓고 바라볼 수 있고, 기억도 그냥 바라볼 수 있었다. 영상으로 떠오르는 느낌, 감정 따위는 말할 것도 없다. 자기 내면을 영화 보듯이 바라보는 것. 바라보자고 마음먹으니 바로 그렇게 되었다. 하지만 고백하건대, 안내자의 말에 따라 눈을 감는 순간, '눈을 감고 어떻게 내 모습을 볼 수 있을까' 하는 의심이 섬광처럼 지나갔다. 그때 내 마음을 들여다보듯이 안내자가 말했다.

"마음은 가지 못할 곳이 없고, 하지 못할 일이 없고, 보지 못할 것이 없습니다. 마음의 눈으로 자신의 몸을 머리끝부터 발끝까지 바라보십시오."

처음에는 '눈을 감고 도대체 뭘 보라는 거지?' 하는 생각이 들었다. 하지만 차츰 어렴풋한 실루엣 같기도 하고 그림자 같기도 한 내 모습을 볼 수 있게 됐다. 마음으로 내 몸을 볼 수 있게 된 것이다. 이것이 소위 명상 차원으로 들어가는 첫 단계 작업이었다. 마음의 눈으로 내 몸의 정수리부터 발끝까지 차근차근 바라보는 작업. 그렇게 마음의 눈으로 내 몸을 살피는 동안 나는 환희를 맛보았다. 신기하게도 몸의 긴장이 아이스크림처럼 녹아내리는 느낌이었다.

#4
내가 나를 보면 명상,
내가 너를 보면 망상

명상은 '내가 나를 보는 일'이다. '내가 너를 보는 일'이 아니다. '내가 나를 본다'는 뜻은 스스로 자신의 몸과 마음을 보고 안다는 것이다. 자신이 지금 지나가는 버스를 쳐다보고 있음을 아는 일, 자신이 지금 손을 들고 있음을 아는 일, 자신이 지금 왼발을 딛고 있음을 아는 일, 자신이 지금 오른발을 딛고 있음을 아는 일, 이와 같은 일이 내 몸과 마음자리에서 벌어지고 있음을 아는 일 따위를 일컬어 '내가 나를 보는 일'이라고 한다.

반면에 '내가 너를 보는 일'은 살면서 누구나 흔히 하는 행위다. 타인이 무엇을 하는지, 무슨 말을 하는지, 어떤 표정을 짓는지, 나를 흘겨보는지, 나에게 미소 짓는지, 나에게 공손한 태도를 취하는지……. 그야말로 '타인'에게 모든 관심이 쏠려 있는 경우다. 심지어는 몇 시간 전에 있었던 일을 떠올리며 '그가 지금 집에 가서도 내 탓을 하고 있을까?' 하고 몇 시간 전의 타인을 보고 있기도 한다. 그러면서 우울해 하기도 하고 좌절감에 빠지기도 한다.

'나를 보는 일과 너를 보는 일'이라는 두 갈래의 사태를 두고 명상이 무엇인지 알기 위해 실험을 해본다면 어떨까.

먼저, 내가 나를 보는 일이다. 스스로 자기 몸의 감각을 하나하나 알아차려본다. 눈알의 시큰함, 코끝의 얼얼함, 오른쪽 어깨 결림, 가슴 부위의 가려움, 요추의 단단함……. 이러한 방식으로 자기 몸의 감각들을 유심히 살펴본다. 차근차근 몸의 감각을 알아차리는 동안 당신의 내면에서 무슨 일이 벌어질까? 주의 깊게 알아차릴수록 마음이 차분해지는 현상을 경험할 것이다. 딱 한 번만 연습해보자.

이번에는 타인의 움직임에 주의 집중을 해본다. 당신 앞으로 갓 자전거를 배운 듯한 아이가 지나간다. 자전거는 비틀거리면서도 용케 넘어지지 않고 나아간다. 당신의 시선이 그 자전거를 죽 따라간다. 오른쪽으로 비틀, 왼쪽으로 비틀거리면서 자전거가 간다. 그러는 동안 당신은 자기도 모르게 '어어!' 소리를 낸다. 그러다가 자전거가 바닥에 넘어지는 것을 보면 당신은 어떻게 할까? 아마 무의식중에 몸을 일으켜서 그쪽으로 황급히 갈 것이다. 만약 그 아이가 다섯 살배기 당신의 아이라면 마음은 훨씬 다급하고 몸도 더 빠르게 움직였을 것이다. 당신의 시선이 아이를 쫓는 동안 당신의 내면은 불안정할 수밖에 없다.

내가 나를 보는 것과 내가 타인을 보는 것은 이런 차이를 만든다. 내가 나를 보는 것은 그 자체로 가벼운 명상 상태다. 자기 몸의 감각을 보거나 동작을 보고 아는 일은, 나 자신의 태도를 스스로 보고 앎으로써 '명상과 같은 고요함'을 경험한다. 그 이유는 아주 분명하다. 내가 나를 보고 있기 때문이다. 그것은 파도가 파도를 타고 있는 것과 같은 이치다. 파도는 파도를 타면서 뒤집어지거나 멀미하지 않는다. 아무리 세차게 파도가 일어나도 파도는 바다 위에서 한갓 물굽이일 뿐이다.

하지만 내가 너를 보는 상황은 다르다. 우리는 타인의 태도나 기분을 의식함으로써 생각을 만든다. 당신이 타인에 대해 눈이나 냄새, 피부 접촉을 한다면 '보는 자신'과 '타인' 사이에 반드시 뭔가가 끼어들게 된다.

앞에서 말한 '바라보는 나'와 '자전거를 타는 아이' 사이에는 '나'의 무엇이 끼어들었을까? 아직 아무 일도 일어나지 않았는데 왜 걱정스런 시선으로 바라보게 됐을까? 그것은 당신의 '기억'이 끼어들었기 때문이다. 자전거를 타다가 넘어져서 무릎이 쓸렸던 어린 시절의 기억이 그 순간 '나의 시선'과 '아이의 자전거' 사이에

'내가 너를 보는 상황'은 바다 위에 뜬 조각배처럼
바다라는 조건에 따라 마구 흔들리는 현상을 스스로 만드는 일이다.

끼어든 것이다. 그 결과 당신에게서 조바심이나 불안정한 마음이 일어났다.

명상이 아닌 '망상妄想'은 이렇듯 내가 아닌 대상에 끌려가면서 내 마음이 일으키는 '미래에 대한 불안'이나 '과거의 상처' 따위를 말한다. '내가 너를 보는 상황'은 바다 위에 뜬 조각배처럼 바다라는 조건에 따라 마구 흔들리는 현상을 스스로 만드는 일이다.

#5
명상의 다른 표현은
'알아차림'이다

―――

'명상의 다른 표현은 알아차림이다'라고 말하면 바로 질문 하나가 올라온다.

"그러면 내 앞에 차가 지나가는 것도 알고 있고, 앰뷸런스 소리도 알고 있고, 바람이 뺨을 스치는 것도 알고 있는데, 이런 게 명상이라고요?"

아니라고 하기 어렵다. 오답이 아니라고 하는 이유는 '알아차림'이 아니라고 할 수 없기 때문이다.

당신의 눈으로 차가 지나가는 것을 보고, 알고 있으면 '알아차림'이다. 앰뷸런스 소리를 들으면서 '앰뷸런스가 지나가는군' 하고 알고 있으면 그 또한 '알아차림'이다.

'알아차림'은 말 그대로 '내 몸과 마음에서 일어나는 현상을 내가 아는 것'이다. 그런 점에서 차가 지나가고, 앰뷸런스 사이렌 소리가 나고, 바람이 뺨을 스치는 것을 '아는 것'이 '알아차림'이다.

두 번째 질문이 있을 수 있다.

"내가 무엇을 보고, 듣고, 느끼고, 냄새 맡고 하는 게 명상이라면 나는 그동안 엄청나게 많이 명상을 해왔네요?"

그것도 아니라고 하지 못한다.

당신은 사과를 수도 없이 먹었을 것이고, 그래서 사과 맛이 어떻다는 것을 알았다. 심지어는 사과 이야기가 나오자마자 아삭거리는 소리와 입안에서 퍼지는 사과 향을 떠올리기도 한다. 사과가 없는 곳에서도 사과 향이 퍼지는 '느낌을 알아차리고' 있는 것이다. 명상이라는 개념을 넓게 확장하고 보면 그 또한 명상이나 알아차림이 아니라고 잘라 말하기 어렵다.

알아차림은 이처럼 당신의 삶과 함께 있다. 알아차림은 '보고, 듣고, 말하고, 맛보고, 만지고, 생각하는' 당신의 모든 행위와 함께 흐르는 정신적 행위다. 문제가 있다면 나라는 생명의 전반에 알아차림과 같은 정신적 행위가 함께하고 있음을 알지 못했다는 점이다. 그것은 마치 자기 몸에 강인한 정신력이 흐르고 있는 줄 몰랐던 챔피언의 유년기 이야기와 같다. 챔피언이 되니까 강인한 정신력이 생긴 게 아니라, 강인한 정신력과 미래의 챔피언은 이미 함께 성장하고 있었던 것이다.

그렇다면 사과는 어떨까? 당신은 이제 내 삶의 모든 국면에 알아차림이 있음을 알았다. 알아차림을 알고 베어 먹는 사과와 알아차림을 모르고 먹을 때의 사과는 어떤 차이가 있을까? 알아차림이 성성한 상태에서 사과 한 입을 베어 물고 '눈을 감고 사유하듯' 적어보면 다음과 같다.

윗니와 아랫니 사이에서 사과 한 입이 아삭, 소리를 내며 갈라진다. 사과를 집은 엄지와 검지 사이로 과즙이 흘러 손등에 잠시 찬 기운이 인다. 달콤하고 새콤한 향기가 머리 안쪽에 가득 차오르는 듯하다. 앞 이빨 사이에서 혀 위로 옮아간 사과 조각에서 시린 기운을 느낀다. 오른쪽 상하 송곳니 사이로 굴러간 사과 덩어리는 아삭, 소리를 내면서 으깨진다. 달달하고 시큼한 과즙이 입안 어디에선가 샘솟은 차가운 침과 뒤섞인다. 으깨서 삼키고 싶은 욕구가 불쑥 일어난다.

명상에서 말하는 알아차림은 '관찰 대상에 대한 지극한 관심이 수반된 알아차림'이다.

'나는 사람이고 너는 사과니까 내가 신경 써서 먹든 말든 상관하지 마!'

우리는 본의 아니게 이런 마음으로 사과를 먹어왔을지도 모른다. '이 또한 먹었다는 사실을 아는 것이니까 명상 아니냐!'라고 하기에는 이제 좀 민망해진다.

'관찰 대상에 대한 지극한 관심'은 나의 전심을 다해주는 것이다. 나의 6가지 감각 기관이 어떻게 작동하는지를 유심히 지켜보고 알아차리는 마음가짐이다. 단순한 식사와 '식사 명상'이 다른 이유, 걷기와 '걷기 명상'이 다른 이유가 여기에 있다.

내 몸을 들락거리는 호흡을 관찰하는 것도 마찬가지다. 자신이 숨을 쉬고 있는 것을 알지 못하는 사람이 어디 있겠는가? 하지만 자신의 호흡을 '지극한 관심'과 '나라는 존재와 대등한 대상'으로 알아차리는 일은 별다른 문제다. 그럼으로써 호흡의 맥락을 이해하고, 일어났다 사라지는 현상을 통찰하여, 생명의 이치와 연결성을 파악하는 지혜가 뒤따른다.

알아차림은 빠알리어의 사띠Sati를 어원으로 한다. '대상을 주시하다', '대상을 기억하다'는 의미의 이 단어는 19세기 말부터 서구 심리학계의 관심을 끄는 언어가 되면서 마인드풀니스Mindfulness로 영역되었다. 우리나라 심리학계에서는 이를 '마음챙김'이라고 번역하여 사용하는 추세다. 명상을 '알아차림 명상' 또는 '마음챙김 명상'이라고 구분하는 것은 이런 배경 때문이다.

#6
명상은 용기가 필요하다

모든 종교와 수행법의 바탕은 안정되고 깊은 '고요함'이다. 당신이 누군가에게 '정신 차려!'라고 했다면, 그 말은 여러 갈래로 나뉜 생각을 비우고 단 하나의 대상에 초점을 맞추라는 뜻일 것이다. 그렇게 집중했을 때 얻어지는 것이 지극한 고요함이고, 바로 그것이 '정신 차림'이다.

운동처럼 역동적인 세계에서도 마찬가지다. 축구에서 공격수가 수비수들의 결사적인 방어를 뚫고 골을 넣는 순간은 영상 속 슬로비디오처럼 내면의 잡음이 소거된 상태에서 이루어지는 경우가 많다고 한다. 상대 수비수의 발 움직임, 몸의 방향, 공의 미세한 흐름, 자신의 발끝 동작 하나하나가 선명히 인식된다. 겹겹이 에워싼 수비수 속에서 공 하나가 빠져나갈 만큼 미세한 시공간을 찾아내는 능력은 어디에서 온 것일까? 허둥대는 수비수들과는 한 차원 다른 내적 고요함 때문이다.

반복적이고 본격적인 자아 성찰 작업은 골잡이 축구 선수처럼 수많은 장애물을 헤치고 가는 일이기도 하다. 간절히 잡고자 하는 신의 손길, 한 번이라도 경험하고 싶은 마음의 본성은 순순히 그 세계를 열어주지 않는다.

이와 같은 장애 요인이 필연적인 이유에 대해 명상학자 안도 오사무는 "궁극의 정신이라는 새로운 차원에 진입할 때 나타나는 맥락의 차이"라고 주장한다. 평소와는 다른 차원의 맥락에 진입하는 것이다. 그러므로 자아 성찰 작업을 포기하거나 덮어놓고 마음의 장애를 각오하라는 뜻은 아니다.

한번은 작은 기업을 경영하는 친구가 명상을 하고 싶다고 했다. 내가 물었다.

"자네가 생각하는 명상은 뭔가?"

"그걸 알면 내가 혼자서 하지."

친구에게 내가 알고 있는 명상을 설명하자 친구가 물었다.

"근데 눈 감고 앉아 있으면 없던 잡생각들이 마구 일어나던데, 나만 그런 건가?"

"다른 사람 사정까지야 내가 알 수 없지. 자네 생각은 어때?"

"다른 사람들은 잡념이 없나 봐. 다들 붙박이 장롱처럼 앉아 있던데!"

나는 친구에게 이렇게 대답했다.

"모르긴 해도 초보 명상가들은 대부분 자네 같은 심정일 거야. 불나방 같은 잡념 속에 휩싸여 있으면서 마치는 종소리만 학수고대하고 있을 수 있어."

묵상이나 명상이 쉽지 않은 이유는 바로 이런 '장애 요소'들 때문이다. 통성 기도나 염불은 자기 생각을 몸과 입으로 드러내어 그 소리를 다시 듣게 되는 형식이다. 이른바 말과 소리라는 수단을 활용하여 잡념을 막아주는 효과가 있다. 상대적으로 묵상이나 명상처럼 '침묵 속에서 묵묵히 멈춰 있는 상태'는 여러 생각과 감정, 기억들이 먼지나 부유물처럼 일어날 수 있는, 열악한 조건이다.

명상한다는 것, 마음을 고요히 하고 자신의 내면을 응시한다는 것은 자신의 상처를 대면하게 된다는 의미이기도 하다. 그것이 언제가 될지는 모르지만, 명상을 처음 하는 사람으로서는 불가피하다. 어항 속 물고기에게 새로운 물을 갈아줄 때 부유물이 떠올라 일시적으로 혼탁한 수질을 보이는 것과 같기 때문이다. 영성학자 에크하르트 톨레는 그 점에 주목한다.

"당신은 어쩌면 자신의 감정이나 기억을 알고 싶지 않을지도 모른다. 그 안에서 무엇을 발견하게 될지 두렵기 때문이다. 많은 사람들은 자신이 그다지 좋지 않은 인간이라는 비밀스런 두려움을 가지고 있다."

명상이나 묵상 같은 자아 성찰이 성공학 강연 같은 열정 게임과 차이를 보이는 이유는 이런 점에 있다. 자기 내장 기관을 열어 직접 대면하는 것처럼 내 생각, 기억, 감정의 해묵은 쓰레기를 만나야 하는 통과 의례가 있기 때문이다.

이것은 자신의 몸과 마음에서 비롯되는 토사물과 악취가 코를 찌르는 듯한 경험일지도 모른다. 그래서 용기가 필요하다. 그동안 적당히 덮어두고 지내왔던 수치스러운 그 일, 굴욕의 순간, 첫 번째 좌절, 넌덜머리나는 슬픔과 분노를 대면하는 용기 말이다.

불가피하다. 정상적인 명상 행위는 본질적으로 얽히고설켜 치덕거리는 자신의 삶에 대한 정면 돌파다. 언제까지 비겁하게 옆걸음만 칠 수 없다는 결의의 실천이다. 성공과 긍정을 향한 외침이 분칠과 향수로 위장한 가면무도회라면, 후줄근한 당신의 민낯을 있는 그대로 드러내고 수용하는 행위는 당신 안에서 떨고 있는 불안이나 두려움을 직면하는 일이다.

그 불안이 더 성장하고 근육이 강해져서 당신을 압도하고 휘두르는 지경에 이르기 전에, 내 인생의 쓰레기를 치우자는 제안이 명상이기도 하다.

#7
자신을 관찰하는 사람은
아름답다

우리는 집중을 몸과 마음이 좋은 상태라고 생각한다. 어떤 대상에 마음이 완벽하게 가 있어서 시간이 가는지 오는지도 모르고 자신이 지금 어디에 있는지조차 모르는 상태일수록 집중력이 강하다고 한다. 그러나 제대로 된 집중은 알아차림이 함께하고 있는 상태다. 즉 자신이 어떤 대상에 집중하고 있음을 '알고 있으면서' 집중하는 것이다.

이것은 미묘한 차이다. 보고 있는 대상에 마음이 빈틈없이 밀착된 상태와, 주시 대상에 마음이 붙어 있음을 아는 상태는 분명한 차이가 있다.

한국 불교의 '간화선看話禪' 수행법은 집중하는 것에 의미를 두는 편이다. 스승에게서 화두를 받고, 신심信心과 분심憤心과 의심疑心을 금강의 칼 삼아 화두에 집중하는 것이다. 걷거나 서거나 앉거나 눕거나 몇 날 며칠, 비가 오나 눈이 오나 몇 년이고 간에 그 화두에만 집중하는 것, 그리하여 단 한 방에 대오각성하여 진아眞我를 보는 것에 의미를 둔다.

하지만 거기에도 알아차림은 존재한다. 화두를 들고 있는 이 마음을 계속 조심操心하는 것, 나는 지금 어떤 마음으로 화두를 들고 있는가, 하는 마음 살핌이 함께 따라다닌다. 조심이 없는 화두는 스승이 가리키는 달을 보는 것이 아니라 스승의 손가락을 쳐다보고 있는 것과 같다.

알아차림이 없는 집중은 그야말로 그 대상에 몰입되어 있는 것으로, 대상의 노예 상태라고 할 수 있다. 관찰자가 그 대상의 언어나 표정, 태도 따위에 고스란히 끌려다니는 상황이기 때문이다.

텔레비전을 보면서 화면에 집중하면 옆에서 무슨 일이 일어나는지조차 모를 때가 있다. 그는 지금 텔레비전의 노예 상태다. 화를 내고 있는 사람은 지금 화에 집중되어 있는, 화의 노예라고 할 수 있다. 울고 있는 사람은 슬픔이나 서러움에 집중되어 있는 상태다. 슬픔이나 서러움에 붙잡혀서 다른 일을 할 수 없다.

일상에서 사고가 발생하는 순간을 분석해보면 지나친 집중이 원인인 경우가 많다. 길을 건너는 것에만 집중하여 신호 위반 사고를 내고, 휴대전화를 보면서 걷다가 다른 사람과 부딪히며, 성적에만 집중하여 교우 관계나 인간성은 피폐해지는 경우들이다.

집중과 알아차림의 차이는 분명하다. 지나친 집중의 깊은 내면에는 강력한 애착이 있다. 목표하는 대상에 강하게 밀착된 상태이기 때문이다. 그럼에도 자신이 대상에 밀착되어 있음을 알지 못할 때 그는 상대를 탓하게 된다.

'깨어 있다는 것'은 자신이 집중하거나 붙들고 있는 어떤 생각과 감정, 기억을 알아차리고 있음을 의미한다. 자신의 마음이 과거의 기억이나 미래에 대한 불안에 붙들려 있음을 알아차리고 있다는 말이기도 하다. 집중하고 있거나 붙들고 있는 내용이 그러함을 알아차리는 순간 변화는 시작된다. 그 즉시 마음의 시야는 넓어진다.

당신은 길을 건너는 것에 집중된 마음을 알아차림으로써 차가 달려오는 상황을 감지한다. 컴퓨터 게임에 집중하고 있음을 알아차림으로써 시험 준비할 생각을 하게 된다. 알싸한 술맛에 집중하고 있음을 알아차림으로써 술잔을 내리게 된다.

집중하고 있음을 알아차림으로써 얻어지는 이득은 무엇인가? 지혜다. 지혜는 이러한 과도한 집중을 쉽게 했을 때 발현하는 심리적 조화다. 자신이 어딘가에 홀려가고 있음을 쉬는 것이다.

깊은 집중 속에서도 바늘 끝처럼 예민한 알아차림이 유지되는 장면을 가끔 볼 수 있다. 무대 위의 무용수, 오케스트라를 지휘하는 지휘자, 연주자, 열연하는 영화배우 등. 그들의 일거수일투족은 아름다움뿐만 아니라 보는 이의 눈을 뗄 수 없게 하는 흡인력이 느껴진다. 행위에 대한 집중과 그 집중을 객관적으로 자각하고 있기 때문이다.

노련한 지휘자는 자신의 악단에 절대적인 통제력을 발휘하면서 동시에 등 뒤에 있는 청중의 반응에도 민감하게 깨어 있다. 그는 청중에게 등을 보이고 서 있지만 그의 마음은 청중과 완전한 일치를 이룬다. 청중 또한 지휘자의 긴장과 이완, 그의 몸과 마음을 타고 흐르는 음악의 선율과 완전한 일치를 이루게 된다.

이것이 바로 집중하면서, 자신이 집중하고 있음을 온전히 자각하고 있기 때문에 일어날 수 있는 현상이다. 진정한 집중은 알아차림과 조화를 이룰 때 이루어진다.

무용수는 손가락 하나의 동작을 만드는 데 몇 주, 몇 달이 걸리기도 한다. 몸에 대한 마음이 손가락 끝까지 가 닿아서 깨어 있어야 하기 때문이다. '혼신을 다한다'라는 말의 의미는 말 그대로 손가락 끝의 실핏줄 하나에도 마음이 가닿아 생동한다는 뜻이다.

걷고, 앉고, 눕고, 말하고, 침묵하고, 움직이고, 멈추고 하는 일에서 항상 자신을 관찰해보라. 그러면서 자신이 그러하고 있음을

지휘자는 자신의 악단에 절대적인 통제력을 발휘하면서
동시에 등 뒤에 있는 청중의 반응에도 민감하게 깨어 있다.

알아차린다. 지속적인 관찰과 알아차림이야말로 삶을 100퍼센트 연소시키는 것이고, 혼신을 다하는 오케스트라의 지휘와 같은 것이다. 당신이 자신의 몸과 마음의 움직임을 알아차리고 있으면 그 순간 온 우주도 당신을 지켜보면서 함께 움직인다.

———

명상은 특별한 기술이 아니다. 거울을 보는 일처럼 틈틈이 자신을 바라보는 일이다. 거울을 통해 머리를 다듬고 모양을 가꾸듯이 내 몸과 마음을 자주 확인하는 일일 뿐이다. 그런 점에서 제4장은 당신에게 내미는 손길처럼 다정한 단원이다. 명상에 대해 뭔지 모를 신비감이나 거리감을 좁히기 위한 안내의 장이다. 척추를 바르게 펴는 일, 호흡을 관찰하는 연습 등이 세세하게 기술되어 있다. 이 장을 통해서 당신의 명상은 아침 세수처럼 쉽고 익숙해진다.

제4장

거울만 자주 봐도
왕초보는 벗어난다

"거울 보기가 '외모를 바꾸는 명상'이라면
눈을 감고 몸을 멈추는 일은 '내면을 바꾸는 명상'이다.
그런 점에서 거울 보기는 명상과 닮아 있다."

#1
대뜸 호흡 명상부터
안내하는 수행터는 피하라

명상을 한 번도 해본 적이 없다면 명상 센터에 방문하여 안내를 받는 게 좋다. 하지만 자리에 앉자마자 대뜸 호흡 명상부터 안내하는 센터는 재고해보기를 권한다. 호흡 명상이 모든 명상의 기초이고 정통한 방법이긴 하지만 어렵기 때문이다. 여기에서 어렵다는 말은 낯설다는 의미다. 아무리 쉽고 유익한 일도 해본 적이 없으면 누구에게나 어렵거나 낯설다.

불교를 기반으로 한 명상 센터에 가면 대체로 맨 먼저 가르쳐주는 명상법이 호흡 명상일 가능성이 높다. 숨을 들이쉬고 내쉬면서 '그 호흡을 알아차려라'거나 '호흡에 마음 챙겨라'는 권유를 받을 것이다.

바로 이 순간부터 명상의 문턱을 실감할지도 모른다. 알아차림, 마음챙김이라는 표현 자체가 생소해서 호흡은커녕 그 말뜻을 헤아리느라 신경이 온통 그곳에 쏠리게 된다.

'알아차림이 뭐지? 뭘 알아차린다는 거야? 마음챙김은 또 뭐야? 마음이 챙겨지기도 한다는 거야? 그리고 뭘 관찰한다는 거지?'

명상 공부는 시작 단계에서 많은 사람들이 포기한다. 한 번도 들어보지 못한 말을 듣거나, 해보지 않은 자세를 취해야 하기 때문이다. 자동차도 잘 알고 있는 길은 거침없이 달리지만 한 번도 가본 적이 없는 컴컴한 길로 핸들을 꺾어 들어갈 때면 망설이거나 주춤거리게 된다.

명상처럼 마음이라는 실체 없는 행위의 비중이 커 보이는 일은 더욱 그렇다. 앞이 잘 보이지 않거나 경험한 적이 없는 길로 들어설 때 의심이나 불안 심리는 팽창한다.

그래도 한번 하기로 한 거니까, 하면서 명상 센터에 들어선 사람에게 두 번째 관문이 기다린다. 소위 '호흡 명상'이다. 호흡 명상은 안내자가 초보 명상가에게 대체로 아래와 같은 흐름으로 안내한다.

"자신의 호흡을 가만히 지켜보십시오. 숨을 들이쉴 때 주의 집중을 콧구멍 맨 앞부분에 두고 호흡을 지켜보십시오. 숨을 내쉴 때는 몸 안에서 콧구멍을 통해 빠져나가는 호흡을 지켜보십시오. 다시 한번, 숨을 들이쉴 때 호흡이 들어가는 모습을 지켜보고, 숨을 내쉴 때 몸 안에서 호흡이 나오는 모습을 지켜봅니다. 이렇게 반복하십시오."

이해하기 어려운 말은 없다. 하지만 초보 명상가가 이 글을 읽은 후 실천하는 것은 알쏭달쏭할지도 모른다. 모르는 말은 없는데 무엇을 의미하는지 시원하게 체험할 수 없기 때문이다.

'호흡을 지켜보라니, 무슨 말이야? 호흡이 눈에 보이는 물건이란 말인가? 너무 자기들만의 언어 아냐? 우리나라 말인데 무슨 뜻인지 모르겠네!'

초보자에게 대뜸 호흡 관찰을 안내하는 것은 당신의 처지와 입장을 외면하는 태도로 느껴질 수 있다. '호흡 명상이라고? 이게 지금 나한테 왜 중요하지? 나는 지금 내 문제가 더 시급한데, 이런 건 묻지도 않네?' 하는 생각이 들지 않았는가?

그래서 명상을 처음 시작하는 사람에게는 초보 수행자의 처지와 입장을 헤아려주는 수행터가 필요하다. 특히 왕초보에게 호흡 명상은 어려운 일이다.

'호흡을 명상하는 일'과 '내가 당면해 있는 삶의 문제'라는 거리는 가까워 보이지 않는다. 여기에 한술 더 떠서 자세를 고정한 채눈을 감는 전통적인 정좌 자세는 생소하고 불편하다.

그렇다면 초보자에게는 어떤 수행터가 좋을까? 호흡 명상이라는 실제적 문제 이전에, 왜 이 공부터에 왔는지에 대해 관심과 이해가 선행되는 곳이면 어떨까? 수행터가 당신이 지금 직면한 문제에 대해 열려 있는 태도로 수용해준다면 더 안정된 마음 상태에서 명상을 시작하게 될 것이다.

#2
거울만 자주 봐도
왕초보는 벗어난다

거실이나 화장실에서 거울을 보는 행위를 명상이라고 할 수 있을까? 답을 구하기 전에 먼저 거울을 왜 보는지를 생각해보자.

거울은 반사경을 통해 내 몸을 있는 그대로 비춰준다. 거울은 나의 얼굴, 콧등 위의 검은 점, 머리카락 색깔, 목선, 어깨 모습, 가슴이나 배 부위 들을 정직하게 보여준다. 거울을 보면서 머리카락을 빗으면 머리가 정리되는 것을 확인할 수 있다. 입술에 핑크색 립스틱을 바르면 거울은 창백했던 입술이 핑크색으로 바뀐 모습을 보여준다. 거울은 언제 어느 때든 당신이 의도한 대로 뭔가를 바꾸거나 새롭게 해주는 매개체다.

거울에 자기를 비춰보는 것은 의도했든 하지 않았든 '나를 원하는 방향으로 변화시키는 일'이다. 그런 점에서 거울 바라보기는 '일정 부분' 나를 바꿔주는 명상이기도 하다.

명상을 한다는 것은 거울을 보는 일과 다르지 않다. 차이가 있다면 거울이라는 반사경을 보는 일이 아니라 마음이라는 내면의 반사경을 통해 자신의 여러 측면을 바라본다는 점이다. 유리에 되비치는 거울 속 형상을 보면서 내 몸의 여기저기를 매만지거나 바꾸거나 지우거나 닦는 것처럼, 당신이 눈을 감고 명상하는 이유도 크게 다르지 않다. 당신은 마음의 거울을 통해 무엇인가를 바꾸고 싶다. 내 몸의 감각, 기억, 생각, 감정과 같은 현상을 바라보고 인정하고 수용함으로써 이전과 다른 삶, 새로운 날을 만나고 싶은 것이다.

만약 지금 대형 거울 앞에 서 있다고 하자. 눈을 뜨면 보이던 얼굴이 눈을 감으면 보이지 않는다. 말 그대로 눈앞이 캄캄해진다. 하지만 눈을 감은 당신에게는 여러 가지 마음의 현상들이 일어난다. 방금 식사했던 식당 간판이 떠오르기도 하고, 며칠 전에 이야기를 나누었던 거래처 사장님의 이름이 떠오르기도 한다.

감은 눈 속에서 지난 기억만 일어나는 게 아니다. 내일 출장 갈 호텔에 미처 예약을 하지 않았다는 생각이 나기도 한다. 메모지에 약속 시간과 사람 이름을 적어야 했는데 깜박했다는 생각이 퍼뜩 떠오르기도 한다. 눈을 뜨면 메모부터 해야겠다는 생각을 하기도 한다.

눈을 감았을 때 머릿속에 떠오른 생각들과 거울을 통해 보는 것의 차이는 무엇일까? 거울은 몸을 되비춰주고 감은 눈은 마음을 되비춰주는 정도의 차이다. 거울을 보며 흐트러진 머리를 단정히 하거나 메마른 뺨에 보습제를 발라서 생동감을 살리는 것처럼, 명상은 자신의 생각과 기억, 감정을 생생하게 보고자 하는 정신 운용이다. 그뿐이다.

당신은 거울 앞에서 자신의 몸을 보는 데 익숙하다. 거울 앞에서 몸을 바꾸고 고치는 행위는 하루에 여러 번 해도 이상하지 않다. 하지만 눈을 감고 자신의 생각과 기억, 감정을 보고 인정하고 지지하고 바꿔보려는 행위는 하루에 몇 차례나 하고 있을까?

거울 보기가 '외모를 바꾸는 명상'이라면 눈을 감고 몸을 멈추는 일은 '내면을 바꾸는 명상'이다. 그런 점에서 거울 보기는 명상과 닮아 있다. 무엇보다 거울을 통해 나 자신을 보는 행위라는 점에서 그렇다. 명상을 하고자 하는 사람은 마음의 거울을 통해 자신의 다양한 내적 측면을 있는 그대로 보고 삶을 바꾸고 싶은 욕구가 있다고 봐야 한다. 눈이나 코 따위로는 알 수 없는 나를 더 알고 싶다는 갈증이 있는 것이다. 명상은 거울에 비친 자신의 몸이 아니라 그 이상의 내면을 보고 싶고, 가꾸고 싶고, 바꾸고 싶은 마음에서 비롯된다.

#3
척추만 바로 세워도
명상이 된다

———

정좌 자세와 같은, 척추를 곧게 펴는 동작을 자주 하는 것은 신체적 자존감을 높이는 데 분명한 역할을 한다. 당신이 설사 배불뚝이라도 개의치 말고, 두 발을 바닥에 편히 내리고 척추를 편 자세로 직면해보라. '그래, 나 배 좀 나왔다, 어쩔래!' 하는 태도로 말이다.

'사람이 꼼짝하지 않고 가장 오래 앉아 있을 수 있는 자세는?'

퀴즈의 정답은, 허리를 곧게 펴고 앉은 자세다. 구부정하게 앉아서는 같은 자세를 20분도 유지하기 어렵다. 한번 해보면 금세 확인할 수 있다.

척추를 곧게 펴고 앉는 자세를 몸에 익히면 이것이 세상에서 가장 편한 자세임을 알게 될 것이다. 정좌 자세가 익숙해지면 앉아서도 잠을 자는 이치가 절로 깨달아진다. 명상의 기본자세를 통해 얻게 되는 삶의 이득이다.

명상하는 사람의 외형은 척추에서 드러난다. 외부에서 오는 충격을 흡수하고 분산하는 역할을 하는 척추는 몸의 기둥이라고 할 수 있다.

사람의 두뇌는 모태에 착상한 지 28일 무렵부터 척추에서 발달한다. 척추의 성장이 곧 두뇌 물질의 생성인 것이다. 두개골부터 꼬리뼈까지 두뇌 물질인 연수가 들어 있다는 사실은 널리 알려져 있는데, 두뇌의 근원이 척추라는 사실은 주목해야 할 내용이다. 우리가 일반적으로 명상 자세라고 하는 정좌가 두뇌에 어떤 역할을 하는지 짐작할 수 있다.

척추뼈 속의 척수는 두뇌 물질이다. 척수는 두개골의 대공과 연결되어 몸속의 장기들에서 올라오는 정보들을 받아들여 두뇌에 넘기거나 두뇌의 지시를 받아 몸의 말초 신경까지 전달해주는 역할을 한다.

어린 시절에 운동을 즐겼던 사람의 두뇌 회전이 빠르다는 것은 널리 알려진 사실이다. 산만할 정도로 몸을 많이 움직이는 아이는 그만큼 두뇌 운동을 활발히 하는 셈이다. 척추를 많이 씀으로써 두뇌에 더 많은 자극을 주고 척수 공급이 원활하기 때문이다. 어린 시절에 운동선수였던 과학자나 정치가, 사회 사업가가 유난히 많은 이유를 여기에서 찾을 수 있다.

척추는 언제 어느 때든 곧게 펴 있어야 한다. 집으로 비유하면 기둥이기 때문이다. 허리가 구부정한 사람은 외견상으로도 건강하게 보이지 않는다. 사람은 심신이 허약해지면 허리부터 굽기 시작한다. 몸 안의 장기 중 어느 하나가 심각하게 손상되거나 위기 상황이 닥친 경우도 마찬가지다.

곧게 뻗은 척추는 몸과 마음의 건강성을 보여준다. 사람은 일반적으로 마흔 살 이후부터 척추가 휘기 시작한다. 척추에 대한 적절한 관심과 처방이 없으면 사람의 키는 10년에 1센티미터 이상 작아진다. 나이가 들수록 키가 작아지는 이유는 바로 척추를 중심으로 한 자세의 불안정 때문이다.

곧게 펴 있는 척추는 그가 편안한 휴식 중임을 몸으로 드러낸 형상이다. 이것은 명상을 위한 정좌 자세가 왜 '쉬는 일'인지를 증명한다. 사람이나 짐승은 싸움에 직면하거나 긴장될 때 척추를 움츠린다. 누운 상태에서는 척추가 곧게 펴진다. 쉬고 있는 것이다. 척추를 편 정좌 자세가 익숙한 사람은 한두 시간 정도 그 자세를 유지하는 데 무리가 없다.

척추를 곧게 펴고 앉은 사람에게서는 자신감과 함께 위엄이 서려 보인다. 이 자세는 건강에도 직접적인 영향을 미친다. 가벼운 감기 정도는 척추를 곧게 편 자세로 한 시간 정도 정좌를 취하는 것만으로도 호전된다. 좌선하는 동안 연신 흘러내리던 콧물이 그치는 경험은 당장 확인할 수 있다. 척추를 곧게 폄으로써 신경이 정상 순환하고 장기 기능들이 원활해졌기 때문이다. 그런 자세를 한동안 유지시켜주면 몸 전체의 혈행과 에너지가 활발해지는 경험을 하게 된다.

#4
정좌와 차렷은
무엇이 같고 다른가

우리는 정좌 자세처럼 몸을 정지했을 때 보고자 하는 대상을 분명히 볼 수 있다. '명상'과 '멈춤'은 그런 관계다. 일종의 실과 바늘 같은 사이인데, 반드시 실이 있는 곳에 바늘이 있으란 법은 없다. 하지만 명상과 멈춤은 따로 떼어놓기 어렵다.

명상에서 멈춤의 의미는 크지만, 반드시 멈춰야만 명상을 할 수 있는 것은 아니다. 명상하는 방법은 걷기 명상, 대화 명상, 음악 명상, 글쓰기 명상, 식사 명상 등 다양한데, 이러한 명상법의 특징은 움직임이다. 따라서 명상을 언급하면서 덮어놓고 멈춤을 전제로 하는 것은 어폐가 있다. 정좌와 같은 멈춤은 명상의 관찰 대상을 섬세하게 살피기 위한 특별한 조건이다.

금붕어가 살고 있는 가정용 어항이 있다고 하자. 바닥에 모래가

깔린 유리 어항이 흔들리고 있을 때와 한 장소에 고정되어 있을 때 어느 쪽 물이 더 맑고 어항 속 구조물이 선명히 보이겠는가? 초보 명상가의 몸을 가정용 어항으로 바꿔 생각해본다면 어느 쪽이 더 효율적인 조건인지 알 수 있다.

'명상과 멈춤'의 관계는 '차렷, 열중쉬어'와 연동해서 살펴보면 흥미롭다. 초보 명상가에게 정좌는 일종의 '차렷, 열중쉬어'이다. 그만큼 낯설다. '차렷'은 군대에 입문한 사람이 맨 처음 익히는 자세이자 핵심 동작이다. 군대 바깥의 언어로 풀이한다면 '멈춰!' 또는 '동작 그만!'이다.

의도했든 하지 않았든 차렷과 같은 멈춤의 언어는 군대라는 조직 사회를 운용하기 위한 통제성이 숨어 있다. '차렷'이라는 구령에 맞춰 몸을 멈추는 순간 입대 신참자는 변화된 환경에 돌입했음을 체감한다. 그에게 '차렷, 열중쉬어'라는 구령은 '달라졌다, 그러니, 변하라!'는 명령인 셈이다.

차렷처럼 멈춤도 변화를 위한 준비 동작이다. 의도는 다르지만, 변화를 위한 동작이라는 점은 다르지 않다. 달리던 차를 반대 방향으로 돌리려면 반드시 멈춤의 순간이 필요하다. 초보 명상가의 멈춤은 자기 존재의 변화에 초점이 있고, 군 입대자의 차렷은 한 개인이 집단 조직원으로 변화해가는 과정 속에 놓여 있다. 멈춤이든 차렷이든 숨은 의미는 '변화'다.

멈춤은 존재의 변화를 위한 물리적, 정신적 공간 만들기다. 명상의 정좌 자세는 변화를 위한 멈춤의 대표적인 행동이다. 하지만 '차렷, 열중쉬어'와 같은 통제력이나 압박감과는 거리가 먼, 유연하고 자발적인 몸동작이다. 무엇보다 정좌는 그 자체로 치유적이다. 양쪽 무릎과 허벅지를 바닥에 밀착하고 척추와 고개를 유연하게 세운 상태를 지속하는 일. 그 형상만으로도 심미적 건강성을 담보한다.

이때 몸의 내부는 부교감 신경이 활성화되고 그로 인한 안정감과 몸의 이완, 산화 질소의 발현, 원활한 혈액 순환과 같은 이익이 실현된다. 현대 의학계에 널리 보고된 명상 습관으로 인한 건강 증진은 대체로 정좌 자세나 누운 상태로 몸을 관찰하는 바디스캔Body Scan 같은 멈춤 동작에서 얻어지는 것들이다.

명상은 특별한 준비가 필요 없다. 명상하겠다는 결심만 있으면 된다. 명상은 몸과 마음을 이완하고 자기 자신을 자애스런 눈길로 바라보는 일이다. 제5장에서는 바디스캔을 통해 몸을 이완하고 긴장을 푸는 법, 호흡 관찰로 내면의 고요를 찾아가는 길에 대해 이야기한다. 호흡 관찰의 가장 큰 적은 잡념이다. 그래서 준비한 것이 '잡념 대처법'이다. 많은 초보 명상가가 힘들어하는 '잡념을 어떻게 할 것인가'까지 함께 살폈다. 명상을 시작할 때 가장 중요한 것은 서두르지 않는 것과 포기하지 않는 것이다. 조금씩 천천히 연습하면 어느 순간 명상이 당신의 몸에 배어든다.

제5장

시작해보자, 명상!

"초보 명상가에게 호흡 관찰은 매우 낯설다.
이 낯섦을 극복하는 제일 좋은 방법은
규칙적이고 지속적인 연습이다.
명상가의 의지와 집중력, 반복 연습이 필수다.
'하루에 10분 만이라도 호흡 관찰을 하겠다'는
결심이 필요하다."

#1
명상할 결심이
중요한 이유

결심은 스스로 약속하는 내적 행위다. 당신이 만약 '20분간 눈감고 정좌하겠다'라고 결심한 후 명상에 들어가면 20분간 정좌 명상할 가능성이 높아진다. 명상이 아니더라도 스스로 약속한 경우와 그렇지 않은 것의 결과는 분명히 다른데, 더욱이 명상처럼 고요하고 평화로운 내부 약속은 이행 확률이 높아진다.

뉴욕대 심리학 교수인 피터 골위처는, 그의 '목표 실현 이론'에서 "결심은 동기와 행동 사이의 연결을 강화한다"고 밝힌다. 결심은 명상가의 무의식적 동기와 주의 집중력, 자기 통제력, 긍정적 신경 가소성, 행위의 지속성에 큰 영향을 끼치는 것으로 나타난다.

뇌 과학에서는 스스로 결심하는 순간 전두엽이 활성화한다고 보고한다. 당신이 만약 숟가락을 들기 전에 '나는 밥 한 숟가락을 먹을 때마다 50번씩 씹고 삼킬 거야!'라고 결심했다면, 먹는 동안 입안의 저작 운동 횟수를 헤아리려고 할 것이다. 이것은 아무 생각 없이 먹는 것과는 큰 차이를 낳는다.

결심은 이처럼 도파민 시스템을 자극하여 행하려는 의지와 동기를 강화한다. 아득하게 열린 연병장을 쳐다보면서 '나는 지금부터 200미터를 전속력으로 달리겠어!' 하고 마음먹은 것만으로도, 평소 100미터 달리기에 그쳤던 당신이 200미터를 완주하게 된다. 단지 그렇게 하기로 결심한 순간 몸이 호응해준 것이다. 그런 결심이 없었다면 늘 하던 대로 100미터쯤 달린 후 멈췄을 것이다.

명상에서의 결심은 달리기나 등산에 비해 상대적으로 정적인 행위다. 몸 전체를 동원하여 멀리 뛰거나 이를 악물고 타인과 경합하는 상황이 아니다. 그런 점에서 명상은 스스로 약속하고 그 약속을 이행하는 고독한 실천이다. 그러다 보니 스스로 세운 약속을 깨뜨리기도 쉽다. '나는 지금부터 30분간 척추를 펴고 눈을 감은 상태로 고요히 정좌하겠다!'와 같은 자기 다짐도 '내가 나한테 한 약속인데 누가 알겠어?' 하는 생각으로 슬그머니 타협하기 좋다.

하지만 결심과 함께 당신이 곧장 명상 자세를 취한다면, 마음먹은 결과를 볼 확률이 높다. 뇌 과학에 따르면 '결심한 에너지'만으로 주의력을 담당하는 뇌의 활동이 높아지고 도파민 분비가 촉진되면서 긍정적 기대감이 상승한다.

결심은 명상뿐만 아니라 일상의 모든 국면에서도 쓰일 수 있다. 우리의 삶이 크고 작은 사건의 연속임을 이해한다면 가벼운 결심도 중요한 사건이자 움직임이다. 식당에 들어서면서 '종업원에게 내가 먼저 웃어야지'라고 마음을 먹는 것은 아름다운 결심이다. 오늘 만나는 누구든지 '일단 미소부터 짓겠다'라고 마음먹는 것도 결심이다. 사람을 만나러 들어가기 직전, 문 앞에서 '처음부터 끝까지 예의 바른 태도를 유지하겠다'고 마음을 굳히는 것 또한 당신의 무의식과 접속을 마친 결심이다.

어떤 일이든 가벼운 결심과 함께 시작하는 습관은 그 결과와 성취를 지금 여기에서 경험하는 초월 체험이다.

#2
바디스캔은
흥미진진한 예비 명상이다

바디스캔Body Scan은 명상가가 자신의 몸을 스캔하듯이 살펴본다고
하여 붙여진 이름이다. 알아차리는 마음을 정수리에서 발끝까지,
발끝에서 정수리까지 몸의 각 부위로 이동해가는 방식이다. 이 단
순한 명상법이 세계 의학계가 인정하는 치유 성과를 얻고 있다.

바디스캔은 매사추세츠 의과대학 설립자이자 교수인 존 카밧
진 박사의 스트레스 완화 프로그램의 핵심 명상법이기도 하다. 그
가 개발한 '마음챙김을 기반으로 한 스트레스 감소 프로그램MBSR'
은 일주일에 하루 3시간씩 8주 동안 진행된다. 존 카밧진은 10년
동안 임상 현장에서 약 7만 명의 환자에게 바디스캔 중심의 명상
프로그램을 적용하여 효과성을 공인받은 의사로 유명하다.

바디스캔의 구체적인 방법은 명상가가 자기 몸의 기관을 출석
부르듯이 하나씩 불러주는 것이다. 선생님이 학생들의 이름을 부

르며 눈을 맞추듯이 자기 몸의 각 기관과 눈 맞춤 하는 마음의 작업이다. 당신이 자기 몸의 기관을 불러줄 때 당신의 마음은 바로 그 부위로 가게 된다.

초등학교 3학년 때로 기억하는데, 담임 선생님은 출석을 부를 때 학생들의 이름에 노래하듯 리듬을 넣어 '성길이이, 김수우창, 박하아나아……' 하고 부르셨다. 학기 초에는 우리 모두 어색해했지만, 날마다 다른 예측 불허의 리듬을 듣다 보니 나중에는 오늘은 어떤 리듬으로 내 이름을 부르실지 기대가 되었다. 때때로 억지스러운 면이 있었지만, 아침마다 우리 교실은 늘 생생한 기대감이 소리 없이 울렁거렸다.

다정다감한 눈빛으로 누군가의 이름을 불러준다는 것은 대체로 그에 대한 인정과 수용의 의미가 배어 있다. 조회 시간에 선생님이 학생들을 건성으로 훑어보고 교실에서 나가는 것과 한 사람 한 사람의 이름을 불러주면서 따뜻한 시선을 보내주는 것은 큰 차이가 있다. 미소 띤 선생님과 눈빛을 교환하고 난 학생과 그렇지 못한 학생의 차이가 느껴지지 않는가?

마음으로 보는 자신의 몸에 대한 시선도 마찬가지다. 가볍게 눈을 감고 의식의 눈을 자신에게 맞춰본다면 어떤 일이 벌어질까? 내 몸속 기관들을 직접 본 적이 없으니, 몸속 기관에게 마음의 시선을 맞추는 일은 막연할 수 있다.

하지만 몸을 감싸고 있는 피부 감각을 만나는 일은 생각보다 어렵지 않다. 이를테면 마음으로 '손바닥' 하고 부르면, 당신의 의식은 곧 손바닥으로 직행한다. '발바닥' 하면 의식은 곧 발바닥으로 향하고, 발바닥의 다양한 감각을 경험하게 될 것이다. 이러한 연습이 거듭되면 몸속 기관들과도 의식의 눈을 맞추는 일이 그다지 어렵지 않게 된다.

몸속 기관인 간에게 '간장아!' 하고 부르면 간은 비로소 내 마음 안에 와서 안긴다. 내가 '심장아!' 하고 불렀을 때 심장은 내 마음의 시선에 눈을 맞추는 것이다. '내가 그의 이름을 불러주었을 때' 간은 '아, 내가 간장이지' 하는 존재감을 갖게 된다. '심장아' 하고 불렀을 때 심장은 자신의 주인에게서 따뜻한 눈빛을 받은 셈이다.

김춘수 님의 시 「꽃」은 나와 사물이 어떻게 관계를 맺고 의미를 갖게 되는지 정확히 보여준다.

내가 그의 이름을 불러주기 전에는

그는 다만

하나의 몸짓에 지나지 않았다.

내가 그의 이름을 불러주었을 때

그는 나에게로 와서

꽃이 되었다.

- 김춘수, 「꽃」 일부

담임 선생과 학생의 눈이 마주쳤을 때 둘 사이에는 무슨 일이 발생했을까? 무협 영화처럼 눈에서 살기가 빠져나와 서로 엉켰을까? 그런 상상을 하긴 어렵다. 선생님은 학생을 바라보고 그 순간 학생도 선생님의 눈을 마주본다. 그럴 뿐이다. 그런데도 학생은 자신의 존재감을 확인하는 기쁨을 느낀다. 그는 선생님의 마음에 물든다.

내 몸의 부위와 기관은 내 삶이나 몸의 꽃이라고 할 만하다. 날마다 주인의 손길을 느끼는 정원의 꽃과 무관심하게 방치되어 있는 꽃, 둘 중 어느 한쪽이다. 아마도 꽃들은 모두 자신이 주인공이 되고 싶을 것이다.

꽃은 누군가 눈을 맞추고, 코를 들이대고, 뺨을 문지르고, 꽃의 향기조차 귀로 듣고자 할 때 비로소 진짜 꽃이 된다. 내 몸도 마찬가지다. 주인인 내가 마음의 카메라를 들고 붉은 심장 앞으로 가서 한 컷 찍어주었을 때 심장은 진짜 나의 심장이 되어준다. 내 몸의 모든 독성을 걸러주느라 주야로 바쁜 간의 이름을 불러주며 마음

내가 '심장아!' 하고 불렀을 때 심장은 내 마음의 시선에 눈을 맞춘다.

의 카메라로 찍어주는 것도 마찬가지다.

모든 소통의 시작이 관심과 경청에서 시작하는 이유가 여기에 있다. 소통은 사람이건 사물이건 나의 모든 감각 기관을 먼저 열면서 시작한다.

내가 나의 이름을 불러주는 일, 내 몸 부위의 명칭을 불러주는 일, '혀, 목젖, 허파, 심장, 간장, 위장, 십이지장……' 하고 내 몸속 기관의 이름을 불러주는 일.

지하철에 앉거나 서 있을 때, 다른 대중교통을 이용할 때, 자신을 향해 이런 일들을 해보면 어떨까? 평소에 좀처럼 관심이 없었던 그 부위들에게 따스한 마음의 빛을 쪼여주는 기분이 들 것이다.

#3
정좌와 호흡 관찰

명상이라는 말을 들을 때 정좌正坐, 즉 '척추를 곧게 펴고 앉아 있는 사람'을 떠올리는 이유는 무엇일까? 명상과 정좌가 직관적으로 어울리기 때문이다. 정좌 자세의 다른 말은 '좌선'이다. 정좌와 좌선의 공통점은 '앉음'이다. 우리 의식 속에 명상과 앉음은 이렇게 긴밀하다. '명상하겠다'는 말은 '바르게 앉아 있는 자세'를 취하겠다는 의미다.

명상이라는 언어와 정좌와 호흡은 왜 그렇게 잘 어울릴까?

그것은 '눈을 감고 고요히 생각한다'는 풀이에서 드러난다. '고요히 생각하기' 위해서는 무엇보다도 몸의 안정이 필요하기 때문이다. 그 대전제가 멈춤과 정좌다. 안정적이고 편안한 바닥에 기초가 튼튼한 모습으로 앉아 있는 것이다. 척추를 곧게 펴고 양손을 양 무릎 위에 올린 상태에서 부드러운 표정을 짓고 있는 모습이 그려지지 않는가?

하지만 요즘처럼 의자 생활을 많이 하는 시대에는 정좌 자세만을 고집할 수 없다. 다만 초보 명상가에게는 먼저 안정감 있는 마루 같은 곳에서 익히기를 추천한다.

존 카밧진 박사는 정좌 자세의 마음가짐에 대해 "자신을 존중하고 참을성을 가지며 자신을 수용하는 내면적 태도를 취하는 것"이라고 말한다. 그는 명상가가 마음에 새겨 실천해야 할 동작으로 '머리와 등, 목을 바르게 세우고, 어깨의 힘을 빼고, 손은 무릎 위에 손가락을 살짝 벌린 상태로 올려놓기'를 주문한다.

정좌 자세는 결가부좌, 반가부좌, 평좌의 세 가지 품새가 있다. 여기에 굳이 하나를 더 추가한다면 의자 자세라고 할 수 있다.

결가부좌는 양발의 발등이 반대편 허벅지 위에 얹힌 상태를 말한다. 이 자세의 특징은 명상가의 엉덩이를 중심으로 양 허벅다리가 완벽한 삼각형을 이룬다는 점이다. 세 가지 정좌 자세 중에서 가장 안정적이지만, 서구인처럼 하반신이 길지 않은 체형이 오랫동안 유지하기에는 발 저림 현상이나 통증으로 인해 익숙해지기 어려운 자세이기도 하다.

반가부좌는 양 발등 중에 한쪽만 반대편 허벅지 위에 올리고 남은 다리는 반대편 허벅지 아래에 놓는 방법이다. 이 자세는 몸의 균형이 한쪽으로 치우치긴 하지만 다리에 대한 압박이 결가부좌에 비해 상대적으로 약한 편이다.

평좌는 양 발등을 모두 바닥에 내려놓고 앉아 있는 방법이다. 두 발을 모두 바닥에 내린 상태에서 두 발뒤꿈치를 명상가의 몸 가운데에 모은 상태를 취한다. 바닥에 놓인 발등의 위치가 다를 뿐 반가부좌에 비해서 안정적이며 하반신에 무리를 덜 주는 자세라고 할 수 있다.

1) 왜 호흡 관찰인가

명상은 정좌와 함께 '자신의 호흡을 지속적으로 알아차릴 수 있는 상태'와 동의어라고 해도 무리가 없다. 명상을 위한 수단으로 호흡처럼 걸맞은 대상을 찾기는 어렵다. 호흡은 몸과 마음이 '멈춤' 상태에서 하는 게 가장 이상적인 조건이기 때문이다.

또한 호흡은 당신이 태어나서 죽는 순간까지 생애 전체를 함께한다. 호흡이 곧 당신이다. 더군다나 자기의 건강과 생명에 직결되는 요소여서 그것을 지켜보는 의미와 중요성은 비교할 대상을 찾기 어렵다.

'호흡 관찰이하, 호흡 알아차림과 동의어로 사용함'이란 명상가가 자신의 호흡 상태를 지속적으로 알아차리는 것을 말한다. 호흡의 조건은 공기와 살아 있는 몸의 접촉이다. 자기 호흡을 알아차린다는 말은 곧 의식이 내 몸에 와 있음을 뜻한다. 의식이 호흡을 알아차리고 호흡이 의식을 '지금 여기'에 와 있게 하는 선순환 상태다.

그래서 간단하고 쉬운 일일까? 많은 초보 명상가는 호흡 관찰의 진입 장벽을 호소한다. 그만큼 몸과 마음의 고요한 상태가 필수조건이기 때문이다.

명상에서 호흡 관찰호흡 알아차림은 당신의 몸과 마음을 안정시키는 최상의 수단이다. 하지만 호흡의 요소인 공기는 맛도 무게도, 색깔이나 냄새도 없기 때문에 그것을 감지해내는 것은 쉽지 않다.

그렇다면 공기를 알아차리기 위한 필요조건은 무엇일까? 그것은 몸의 안팎을 들랑거리는 공기 이상으로 안정된 명상가의 마음 상태다. 물속의 부유물을 보려면 물 자체가 고요하고 맑아야 하듯, 몸을 들랑거리는 공기의 감각을 알아차리기 위해서는 몸과 마음이 고요해야 한다. '분명한 호흡 관찰'은 곧 몸과 마음이 허공만큼이나 고요해졌음을 의미한다.

호흡은 특히 심장의 활동과 긴밀한 관계가 있다. 심장 근육은 평생 단 한 번도 쉬는 일이 없고 그와 연동된 호흡도 마찬가지다. 명상가가 호흡을 관찰함으로써 명상을 지속할 수 있는 근거가 여기에 있다. 걷거나 눕거나 잠을 자거나, 심지어는 의식을 잃은 상태에서도 호흡은 유지된다.

호흡은 당신이 외출하거나 눕거나 대화하거나 음식을 먹는 중에도 알아차림의 대상이 될 수 있다. 이러한 관찰의 힘이 생기면 당신은 언제 어느 때든 호흡을 알아차릴 수 있는 능력을 갖추게 되는 것이다. 이는 당신이 언제 어느 때든 명상할 수 있다는 뜻이다.

2) 호흡 관찰은 어떻게 하는가

아직 훈련이 안 된 초보 명상가에게 호흡 관찰은 매우 낯설다. 공기와 몸의 접촉은 생명의 원리로서 당연하지만, 그것을 또렷이 알아차리는 일은 낯선 사건이다. 공기라는 보이지 않는 대상과 코를 비롯한 신체와의 접촉은 뜻하지 않은 잡념으로 인해 방해받기 쉽기 때문이다.

이 난관을 극복하는 제일 좋은 방법은 규칙적이고 지속적인 연습이다. 호흡 관찰을 하려면 명상가의 의지와 집중력, 반복 연습이 필수다. '하루에 10분 만이라도 호흡 관찰을 하겠다'는 결심이 필요하다.

명상가가 호흡 관찰을 어떻게 하는 게 좋은지 핵심 요소를 7가지로 정리해보았다.

호흡 관찰 7요소
① 자리에 앉았을 때

명상을 시작할 때 의자나 바닥에 허리를 곧게 펴고 앉되 척추가 딱딱하지 않을 정도의 부드러움을 유지한다. 정수리가 허공에 살짝 매달려 있는 듯한 기분이 들 정도로 머리까지 반듯하게 세운다. 몸 전체는 부드럽고 유연한 상태를 유지한다. 몸의 긴장을 풀고 유연성을 높이기 위해 바디스캔이나 심호흡을 두세 차례 하는 것을 추천한다. 바디스캔은 머리끝부터 발끝까지, 발끝부터 머리끝까지 다소 빠르게 운용한다.

② 눈은 어떻게?

눈은 감거나 반쯤 뜨고 있어도 좋다. 다만, 눈을 반쯤 뜨고 있을 때는 시선을 몸의 앞부분 50센티미터 바닥에 내린다. 눈을 반쯤 뜨는 것은 졸음을 방지하기 위한 방편 중 하나다. 주변에 다양한 물건이 있다면 시선이 산만하게 흩어지기 쉬우니 눈을 가볍게 감는 것을 추천한다.

③ 호흡 관찰을 시작할 때

먼저 심호흡을 세 번 정도 하는 게 좋다. 심호흡은 바깥으로 떠돌던 생각의식이 자신의 몸으로 돌아오는 데 도움을 준다. 몸의 긴장을 풀어주며, 주시하고자 하는 관찰 지점을 명확하게 해준다.

호흡 관찰 지점은 대체로 몸의 앞부분 세 군데 중 하나로 한다. 하나는 콧구멍 입구, 다른 하나는 배꼽 부위, 그리고 코에서 배까지 전 과정을 따라가면서 알아차리는 것이다. 통상적인 호흡 관찰 지점은 이렇게 세 군데이지만 명상 센터의 전통에 따라 가슴_{심장} 감각을 관찰하기도 한다.

첫 번째인 '코 부위 관찰'은 양 콧구멍을 들랑거리는 공기의 미세한 감각을 양 콧구멍 입구에서 알아차리는 게 일반적이다.

두 번째인 '배 부위 관찰'은 들숨에 배가 부풀어 오르는 감각을, 날숨에 배가 꺼지는 감각을 반복해서 알아차리는 일이다.

세 번째인 '호흡의 전 과정 관찰'은, 들숨에서 콧구멍 맨 앞부위의 감각과 함께 그 공기가 횡경막을 밀어 내리면서 배가 부풀어 오르는 감각, 날숨에서 횡경막이 올라가면서 배가 꺼지는 감각, 그리고 날숨을 따라 빠져나오는 콧구멍 입구의 호흡 감각을 알아차리는 게 일반적이다.

'호흡의 전 과정 관찰'의 또 한 가지 방법은 자신의 의식을 활용하는 것이다. 숨을 들이쉬면서 외부 공기가 발바닥을 통해 머리끝까지 들어오는 상황을 살핀다. 이때 명상가는 몸 전체의 감각을 알아차린다. 날숨에는 머리끝까지 올라온 공기가 몸 전체의 감각을 경험하면서 발바닥으로 빠져나가는 동안 몸의 감각을 알아차린다.

④ 호흡 관찰 중 잡념을 어떻게 할 것인가

초보 명상가에게 가장 큰 난관은 호흡 관찰 중 수시로 일어나는 잡념이다. 잡념 때문에 당혹스러워하다가 명상 자체를 포기하는

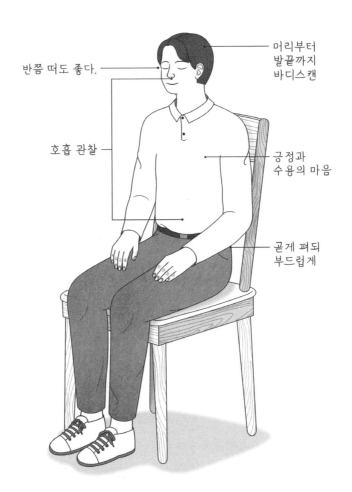

반쯤 떠도 좋다.

머리부터
발끝까지
바디스캔

호흡 관찰

긍정과
수용의 마음

곧게 펴되
부드럽게

사람도 있다. 하지만 호흡 관찰 중에 일어나는 잡념은 숲으로 캠핑을 갔을 때 모기나 파리를 만나는 일처럼 자연스러운 일이다.

잡념은 의식이 있는 생명에게는 정신의 혈액과도 같다. 어느 종교를 막론하고 궁극의 차원에서 보면 수행은 오염된 영혼의 혈액을 맑게 하는 일이다. 영혼의 혈액이 맑고 향기로워지면 그만큼 잡념이라는 해충은 힘을 쓰지 못한다.

호흡 관찰 중 일어나는 잡념의 가장 큰 적은 무엇일까? 잡념을 귀찮아하거나 터부시하는 대응 태도다. 이것은 모기에 물린 사람이 오염된 손톱으로 그 자리를 긁어대는 것과 같다. 생각이나 감정은 누구에게나 일어날 수 있는데 그것을 대응하는 태도, 즉 2차 오염이 핵심 문제다. 잡념에 대해 짜증과 분노, 귀찮음으로 대응하는 마음이 오히려 잡념의 활동을 돕는 내면의 스파이들이다. 그렇다면 창궐하는 잡념을 퇴치하는 최선의 방어는 무엇일까?

'그렇구나'이다.

'네가 아프구나'와 같은 긍정과 수용의 마음이다. 세상의 모든 불만은 따뜻하게 받아주면 금세 사그라든다. '그렇구나'는 언어 자체에 우리의 내면 아이나 묵은 상처를 보듬어주는 긍정과 수용의 마음이 배어 있다. 그 어떠한 생각이나 기억, 감정에 대해서도 '있는 그대로' 기꺼이 수용해주면, 잡념의 서슬은 어린아이의 울음처럼 잦아진다.

만약 이보다 더 미세한 생각이나 기억들이 일어난다면 어떻게 해야 할까? 이것들은 마음의 시선에도 잘 잡히지 않는 그림자나 홀로그램 같으니, 그냥 무시하고 호흡 관찰을 이어가는 게 좋다. 의식의 먼지는 하던 일을 지속하고 있으면 대체로 슬그머니 사라진다.

⑤ 호흡의 길이 알아차리기

호흡 관찰은 눈으로 공기를 보는 일이 아니다. 호흡 관찰은 코나 배에서 바깥 공기가 몸으로 들어오고 나가는 감각을 알아차리는 일이다. '감각을 알아차린다'는 의미를 풀이하면 다음과 같다.

바깥 공기가 몸에 들어오는 첫 순간, 공기는 콧구멍 맨 앞 부위에 부딪힌다. 그 부딪히는 느낌은 체온과 차이가 있을 수밖에 없다. 명상가는 실제로 그 온도 차이에 주의 집중함으로써 감각을 알아차리는 것이다.

호흡 관찰의 또 다른 지점은 배꼽 주변이다. 일반적으로 자연스런 호흡을 하면 들숨 끝에서 배가 팽창한다. 하지만 자신의 배가 팽창하는 모습을 눈으로 보기는 어렵다. 당신은 자신의 배가 팽창하는 감각을 알아차리게 된다. 명상가는 숨을 들이쉬고 내쉴 때마다 배가 팽창하는 감각, 꺼지는 감각을 알아차릴 수 있다.

이 두 가지 방법을 사용하면 자신의 호흡이 들숨에서 어느 정도 시간을 지체하는지 날숨에서 어느 정도 지체하는지 가늠할 수 있다.

⑥ 호흡의 숫자를 세면서 하는 명상_{수식관}

수식관이란 들숨과 날숨의 감각을 알아차리면서 호흡의 숫자를 세는 방법이다. '들숨-날숨'을 한 묶음으로 하여 들숨-날숨 하나, 들숨-날숨 둘…… 하며 세는 방법이 있고, 들숨에 하나, 날숨에 둘, 다시 들숨에 셋, 날숨에 넷…… 하는 방식으로 세기도 한다.

호흡을 따라가며 숫자를 세는 이유는, 호흡이라는 미세한 감각을 알아차리는 동안 자칫하면 고개를 드는 잡념들을 막는 데 탁월하기 때문이다. 호흡의 숫자를 알아차리면서 이번 호흡과 다음 호흡 사이에 생길 수 있는 '심리적 여지'를 '숫자라는 생각'으로 미리막아 세우는 것이다.

숫자는 대개 하나부터 열까지 세기도 하고 하나부터 여덟까지 세기도 한다. 어느 쪽으로 하든 숫자를 끝까지 다 세고 나면 다시 하나로 돌아온다. 만약 수식관을 하는 중에 숫자를 잊었다면 즉시 하나로 돌아와서 다시 세기 시작한다. 수식관을 하는 가장 큰 이유는 호흡 관찰을 하는 데 집중력을 높이기 위해서다. 그러므로 수식관을 한 후 집중력이 충분히 강해졌다 싶으면 숫자를 놓고 호흡만 관찰한다.

⑦ 호흡 관찰 중 잊지 않아야 할 일

호흡 관찰은 집중의 정도에 따라 긴장을 유발하는 원인이 되기도 한다. 우리 몸은 날씨와 같은 외적 조건에 따라 단단해지거나 유연해지곤 하는데, 마음의 상황 변화에는 더 민감한 편이다. 호흡 관찰과 같은 명상 행위 중에도 몸이 긴장하는 이유는 코끝이나 배의 어느 한 지점을 집중하기 위해 의지가 작용하기 때문이다. 의지가 강하면 몸도 함께 뻣뻣해지거나 단단해지고, 의지가 약하면 졸음이 오거나 잡념이 끼어들게 된다.

따라서 가끔 주의 집중하고 있는 대상에서 마음의 시선을 떼고 한 번씩 바디스캔을 하는 게 명상가에게는 도움이 된다. 몸 전체를 샤워하듯 바라봄으로써 자신도 모르게 굳어져 있던 몸을 유연하게 이완할 필요가 있다. 몸과 마음의 조화로운 균형 상태를 취하는 것이다.

3) 호흡 관찰의 두 방법

호흡 관찰에는 집중 명상과 통찰 명상, 두 가지 방법이 있다. 집중 명상은 관찰 대상을 하나에만 맞춰 배타적이고 집중적으로 주시하는 명상 방법이다. 통찰 명상은 관찰 대상을 하나에 두되 대상의 주변부 또는 내외 변화를 유연하게 주시하면서 알아차리는 방식이다.

집중 명상은 과녁을 세워놓고 그 과녁에만 끊임없이 화살을 쏘아대는 행위에 비유할 수 있다. 그럼으로써 얻어지는 것이 무엇일까? 고요함, 마음의 평화 등과 같은 심리적 안정이다.

통찰 명상은 말 그대로 과녁의 내부로 들어가서 제반 현상을 파악하는 관찰 방식이다. 가령 호흡이 일어나고 꺼지는 지점인 배의 한 점에 의식을 집중한다면, 통찰 명상은 '그 안에서' 어떤 감각이나 감정들이 일어났다가 사라지는지 현미경을 들여다보는 과학자처럼 분석적으로 살펴보는 일이다. 통찰 명상을 통해 명상가는 그 안에서 역동하는 사건들의 속성과 반복적으로 드러나는 현상을 알 수 있다. 역동하는 내용이 조금 전과 같은 내용인지 아니면 그때그때 다른지 낱낱이 가려볼 수도 있다.

4) 호흡 관찰은 나의 무의식을 만나는 일이다

호흡 관찰호흡 알아차림은 숨을 들이쉬고 내쉬는 감각을 알아차리는 명상법이다. 구체적인 방법은 관찰 대상에 '개입하지 않고 다만 바라볼 뿐'이다.

호흡 관찰은 파충류의 뇌라고 하는 두뇌 속 편도체를 안정시키는 방법으로도 널리 알려져 있다. 우리는 호흡 알아차림을 단 몇 분만 지속해도 몸과 마음이 차분해지는 경험을 하게 된다.

호흡 작용은 심장이나 허파와 연동되는 몸의 무의식적 활동이다. 호흡은 당신의 의식이 알아차리지 않으면 심장이나 폐처럼 그것이 무엇을 하는 중인지 알 수 없는 몸의 자동 시스템 중 하나다.

어쩌면 당신의 호흡은 하루 중 대부분을 몸의 무의식적 활동에 내맡겨진 상태인지도 모른다. 하지만 명상적 관찰이 작동하면 그 즉시 호흡의 길이와 깊이, 시간 따위가 당신의 의식에 노출된다. 만약 당신이 호흡 관찰처럼 자율신경계인 위장, 심장 등의 내장 기관도 알아차릴 수 있다면 위장 관찰 명상, 심장 관찰 명상, 십이지장 관찰 명상이라는 명칭도 있을 수 있다. 이런 경우가 없다는 사실은 호흡 관찰이 그만큼 깊고 내밀하며 흔하지 않은 사건이라는 점을 시사한다.

당신이 들숨과 날숨을 알아차리는 순간은 바로 무의식과의 접속을 의미한다. 호흡 관찰을 하는 중에 뜻하지 않은 기억이나 감정이 불쑥 올라오는 일이 그것이다. 이 또한 당신의 내면에서 올라오는 정신 활동이다.

그런데 많은 초보 명상가들이 이것을 명상의 훼방꾼으로 취급한다. 그것은 식사하려고 젓가락을 잡는 행위와 같은 의도적 동작과는 다른 사건이다. 마음의 심층深層에서 당신의 의지와는 상관없이 올라온 '뜻하지 않은 기억이나 감정'이기 때문이다.

바로 이 사건이 당신의 무의식을 만나는 일이다. 호흡 관찰 중에 일어나기 쉬운 '숱한 기억과 생각, 감정의 발생'은 오래도록 무의식에 방치되어 있던 수취인 불명의 메시지라고도 할 수 있다. 그것이 지금 수취인에게 전달된 사건이다.

일상에서 호흡을 알아차리는 일은 여러 가지로 유익하다. 호흡을 알아차린다는 것은 자기 몸과 마음에 대한 자율권을 유지하고 있음을 의미한다. 찾기 어려운 신경계의 실마리를 연줄처럼 붙들고 있는 셈인 것이다.

특히 당신이 산만한 환경에서 깊고 편안한 날숨을 쉬고 있다면, 아마도 당신 곁에 앉은 사람은 영문도 모르고 평화로워지는 경험을 하게 될 것이다. 존재의 에너지는 주변에 영향을 미치기 때문이다.

당신이 지하철이나 버스에 있을 때, 아니면 운전하는 중에도 호흡 관찰은 가능하다. 바쁘고 번잡한 일상에서 자투리 시간을 이용한 호흡 관찰은 그 어떤 휴식보다도 효율성을 높인다. 소위 디폴트 모드, 즉 외부 자극이 없는 평화로운 뇌 상태와 접속 중이기 때문이다.

지하철이나 버스를 탄 상태에서 행하는 호흡 관찰은 그냥 졸고 있거나 멍때림과는 다른 신경계가 작동 중이다. 이때 당신은 다른 어느 때보다도 양질의 휴식과 함께 창의적이고 예민한 사유의 세계에 있다고 할 수 있다.

호흡 관찰은 호흡의 길이를 의도적으로 조절하지 않는다. 자신의 호흡에 대한 '수동적 주의 집중', '거리 두기'라고 할 수 있다. 알아차림을 통해 '모든 현상은 변해가고 그 어떤 것도 똑같지 않음을 통찰해내는 것'이 목적이기 때문이다. 반면에 호흡의 길이와 깊이를 의도적으로 조절하면서 운용하는 호흡 관찰은 대개 건강을 목적으로 하는 편이다.

여기에서 말하는 호흡 관찰은 완전한 무개입 관찰에 의미를 둔다. 그것이 명상의 기본자세이면서 얻고자 하는 철학적 이치와 닿아 있기 때문이다.

#4
잡념을 어떻게 할 것인가

———

명상의 실천은 단순하고 명쾌하다. '내 몸과 마음의 움직임을 따라가면서 알아차리는 일'이다. 내 몸과 마음이 말馬이라면 나는 그 말 잔등에 앉아서 말의 진로를 운용하는 마음 또는 의식인 셈이다.

우리는 모두 자신의 몸과 마음을 운용할 수 있는 타고난 의식 구조를 갖고 있다. 그런데 다차원적 입체 의식을 활용하면서 사는 사람이 있는가 하면 몸과 행위, 자극과 반응이라는 단순한 2차원적 평면 의식으로 사는 사람도 있다.

명상은 다차원적 메타 인지상위 인지 능력을 활용하여 '몸과 마음'이라는 말을 타고 '삶의 목적지'를 찾아 떠나는 여행이라고 할 수 있다. 명상을 통해 당신은 자신의 몸과 마음에 대해 진정한 주도성을 갖게 된다.

모든 명상의 기본이자 바탕인 바디스캔과 호흡 관찰은 몸에 관한 알아차림이다. 아래에서 제안하는 바라보기 명상, 그렇구나 명상, 모른다 명상은 '의식'을 대상으로 알아차리는 것이다. 명상의 방해 요소인 잡념을 어떻게 대처할 것인지에 대한 해법이기도 하다. 12가지 생활명상을 실천할 때도 요긴하게 쓰인다.

1) 바라보기 명상

누구나 하기 쉬운 명상 연습이 있다. 눈을 감고 자기 몸의 이미지를 바라보는 것이다. '눈이 감겼는데 뭘 본다는 말인가?' 하는 의구심을 버리고 자기 몸을 바라보려는 의도를 가져보라. 그러면 바로 확인할 수 있다.

'아, 내 의식이 내 몸과 마음을 위층에서 아래층을 내려다보듯이 볼 수 있게 되어 있구나!'

이처럼 소리 없는 탄성을 내뱉는 순간 당신의 의식은 제3자처럼 자기를 바라볼 수 있다. 이와 같은 심리적 도형이 메타 인지상위인지다. 이것은 좌선을 하지 않고도 가능하다. 지하철에서 선 채로 할 수도 있고, 버스에 앉아서도 할 수 있다.

내 몸 바라보기는 당신이 명상을 모를 때도 거울이나 유리를 통해 자신도 모르게 자주 해왔다. 그런데 유리 속의 몸은 당신의 진짜 몸일까? 진짜 몸이라면 유리 속의 나는 온도도 있고 맥박도 뛰어야 한다. 하지만 반사체에 담겨 있는 몸은 몸처럼 생긴 형상일 뿐이다.

마음의 눈으로 바라보는 내 몸도 그와 같은 형상이고 이미지다. 마음의 눈은 육체의 눈으로는 상상할 수 없는 세상을 본다. 마음의 눈을 다른 말로 풀어보면 '의식'이다.

현대인은 눈으로 어떤 형상을 보는 일에 특화되어 있다. '눈, 귀, 코, 혀, 피부'라는 다섯 감각 기관 중에 눈이라는 시각 기관의 노동량은 압권이다. 원시 시대부터 사람은 눈을 통해 사냥하고, 열매를 찾고, 농사를 지었다. 현대에 와서는 텔레비전을 보고, 유튜브도 보고, 영상 통화도 한다. 그러다 보니 당신은 두 눈을 감은 상태에서도 어떤 이미지를 떠올리는 일이 그리 어렵지 않다. 기본적으로 눈의 망막에 담아서 두뇌에 기억해둔 모든 형상을 당신은 기억할 수 있다.

특히 몸은 거울을 통해 자주 익혀온 형상이어서 그 이미지를 보는 일도 자연스럽다. 감은 눈 속에서 자기 얼굴이나 몸의 실루엣을 알아볼 수 있지 않은가? 경우에 따라서 실루엣과 함께 간지러움, 따가움, 콕콕 쑤심 같은 몸의 감각들이 알아지기도 한다.

당신이 보는 자신의 실루엣은 대체로 간유리를 통해 보는 것처럼 흐릿할 것이다. 몸을 직접 보는 것이 아니라 '내 몸에 대한 생각'을 보고 있기 때문이다. 그것을 정수리부터 서서히 아래로 훑어 내려오듯 바라보라. 마음의 눈으로 보는 작업이다 보니 등 쪽에서도 몸의 실루엣을 볼 수 있다.

2) 그렇구나 명상

사람에 따라 다르지만 명상을 하려고 눈을 감으면 몇 초도 지나지 않아 잡다한 생각이 일어나곤 한다. '그렇구나 명상'은 이런 초보 명상가의 위기를 반전의 기회로 만드는 명상법이다. 오히려 잡념들을 활용하여 명상의 즐거움과 자신감을 선물해주기도 한다.

NLP신경언어프로그램에는 언어에 반응하는 두뇌의 작용을 보여주는 실험이 있다. '백곰을 생각하지 마!'라는 실험이다. 선생님이 학생들에게 눈을 감으라고 한 후 다음과 같이 말한다.

"지금부터 절대로 생각해서는 안 되는 것이 있습니다. 어떤 생각을 해도 좋은데 북극 빙판을 어슬렁거리는 '백곰' 생각을 하면 안 됩니다. 여러분은 절대로 백곰 생각을 하지 않도록! 여러분이 지금부터 백곰 생각을 하면 반칙입니다."

워낙 유명한 실험이어서 당신은 이 실험의 결과가 무엇인지 잘 알 것이다. 백곰을 생각하지 말라는 말을 듣는 순간 거의 모든 실험 참가자들은 백곰 생각에서 벗어나기 어려웠다.

명상도 마찬가지다. 눈을 감고 마음이 고요해지는 중에 떠오르는 상념이나 기억은 백곰 같은 존재들이다. 이것들의 특징은 밀어 낼수록 모기떼처럼 달려들고 실제로 귓전에서 앵앵 소리를 내는 것 같다. 그야말로 중과부적이다.

'백곰을 생각하지 말랬는데 왜 자꾸 백곰이 떠오르지? 백곰아, 제발 비켜줘!'

'이런 건 명상이 아닌데!'

'와, 나는 한 번도 깨끗한 마음을 가질 수가 없네. 이걸 어떡하지?'

'내가 어떻게 이런 외설스런 생각을 하는 거지?'

이러면서 당신은 내면의 소음들한테 시비를 걸게 된다.

'나, 이런 사람 아니야!'

'어디서 이런 생각이 일어난 거지?'

'야, 이렇게 신박한 생각이 나오다니!'

'아니, 이런 게 명상이라고?'

생각은 다시 생각을 낳게 되고, 이렇게 두세 바퀴만 굴러가면 자기가 생각의 굴렁쇠를 신나게 굴리고 있는 줄도 모르게 된다. 일종의 생각의 몰입 단계, 이른바 망상의 길로 접어든 상태다.

'그렇구나 명상'은 이런 잡념들을 순식간에 쓸어내는 효과가 있다. 방법은 단순하다. 떠오르는 잡념들을 있는 그대로 인정해주는 것이다. 인정하면 사라진다. 부정적인 것일수록, 하지 말라는 것일수록, 인정과 수용 앞에서 유순해진다.

삶 속에서 '그렇구나'보다 더 향기로운 언어가 있는지 살펴보라.

'그렇구나, 백곰 생각이 나는구나.'

'그렇구나, 아이들을 잘 키우려면 얼마를 벌어야 한다는 생각이 일어나는구나.'

'그렇구나, 다음 주에 출장 가서 해야 할 일 생각이 나는구나.'

'그렇구나, 나는 명상을 못 한다는 생각이 있구나.'

이렇게, 지금이라도 내 삶 속에 '그렇구나'를 마구 흩뿌려주자.

3) 모른다 명상

'모른다.'

당신은 이 말을 어떻게 생각하는가? 많은 사람이 이 말의 진실성과 힘을 알지 못한다. 우리는 대개 언어의 진실성보다는 이 말로 인해 실추될 자존심이 더 신경 쓰인다.

"미국은 몇 개의 주로 이루어져 있습니까?"

이 질문에 '모른다'고 답하기가 어렵다. 이 정도는 지식으로 알고 있어야 한다는 생각 때문이다. 답변을 하지 못했을 때 스스로 감내해야 할 낭패감도 싫다. 그래서 긴장한다. 한 번도 그 나라에 가보지 않았지만 '모른다'고 하는 것은 자존심이 상하는 일이다. 그래서 책에서 배운 지식으로 답변을 한다.

"50개 주입니다."

"네, 맞습니다. 그렇다면 혹시 미국에서 마지막으로 승인된 주이름을 아세요?"

이번 문제야말로 머릿속에 전혀 지식이 없다.

"모릅니다."

이렇게 대답하는 순간 수치심과 불쾌감 사이에 걸려 있는 감정들이 솟구친다.

'그것도 모르다니. 이런 것도 모르는 나를 저 사람이 어떻게 볼까.'

우리는 어쩌면 '모른다'고 하면 안 되는 병을 앓고 있는지도 모른다. 하지만 잘 생각해보면 우리는 세상의 거의 모든 진실을 대부분 알지 못한다.

현대 과학에 의해 밝혀진 우주 물질은 4퍼센트 정도라고 한다. 96퍼센트는 모르는 세계다. 엄청나게 똑똑하다는 과학자들이 밝혀놓은 우주가 4퍼센트 정도다.

굳이 우주까지 갈 일도 없다. '나는 누구인가'라는 질문 앞에서도 쩔쩔매는 사람이 당신일지도 모른다. 당신이 알고 있다고 하는 지식이나 견해, 판단, 해석, 신념 들은 '지금 이 순간'의 진실을 얼마나 반영하고 있을까?

누군가 A에게 질문을 던졌다.

"부모님은 생존해 계신가요?"

"모릅니다."

질문자의 눈이 커졌다가 미안한 표정이 되었다.

"정말 죄송합니다. 제가 괜한 결례를……."

A는 그의 당혹감이 뭔지 이해한다.

"아닙니다. 두 분 다 생존해 계시지만, 지금 이 순간에도 100퍼센트 생존해 계신다고 말씀드릴 수가 없어서 모른다고 했습니다. 생존해 계신다고 하는 것보다 모른다고 하는 게 더 정확할 것 같아서요."

'모른다 명상'은 세상에서 가장 진실에 가까운 언어를 활용하여 내 마음을 지금 이 순간으로 돌아오게 하는 명상 방법이다. 눈을 감고 명상할 때면 언제나 찾아오는 잡념에게 '모른다'고 대답해보라. 어떤 일이 일어나는가?

머릿속 생각의 특징은 과거와 미래를 부지런히 오간다는 점이다. 그것이 삶에 도움이 되지 않는다는 걸 잘 알고 있지만 당신은 무의식중에 과거와 미래를 붙들고 늘어진다. 그럴 만한 이유는 있다. 반성, 변화, 예측, 가능성, 추정, 합리적 의심 따위의 언어들이 당신의 마음을 부지불식간에 과거와 미래라는 허깨비 속으로 인

떠오르는
잡 념 들 은

인정과 수용 앞에서
유순해진다.

도한다.

이때 '모른다 명상'은 당신의 마음을 현재로 돌아오게 한다.

모른다······ 모른다······ 모른다······.

미래에 대한 염려나 불안, 갖가지 시비로 인한 조급증을 향하여 '모른다'고 답해보라. '모른다'고 한마디 했을 뿐인데 잡념이 순식간에 사라지는 경험을 하게 될 것이다.

어떻게 해서 이런 일이 일어날까? 진실의 힘이 작동하기 때문이다. 지금 여기에서 눈을 감고 앉아 당신이 알 수 있는 게 무엇인가? 그 어떤 것도 알 수 없다. '모른다 명상'은 그런 진실을 체험하게 돕는다.

'모른다'고 하는 순간 당신의 의식은 '지금 이 순간'에 있다.

명상은 특별한 장소에서 하는 것이 아니다. 당신의 일상 모든 곳이 명상 터다. 출근하는 지하철 공간, 점심 식사 후 쉬는 시간, 퇴근길의 버스 안, 거리를 걸으면서도 당신의 명상 시간은 늘 열려 있다. 제6장에서는 당신의 일상을 아침, 낮, 저녁으로 나누어 간단한 명상법을 소개한다. '나는 언제 명상하지?' 하고 자문하는 사람을 위한 명상 팁이라고 할 수 있다. 자칫하면 의미 없이 보내기 쉬운 시간, 자신을 돌보는 명상의 깨알 팁들이 전개된다.

제6장

나는 날마다
지하철에서 명상한다

"명상 초심자를 위한 12가지 생활명상을 제안한다.
아침·낮·저녁 명상은 편의상 구분한 것으로
얽매일 필요는 없다."

#1
아침 명상

---

1) 자애명상

자애명상慈愛冥想은 자신과 다른 존재에게 넓고 깊은 사랑의 마음을 보내는 명상이다. '자애'는 '사랑과 은혜를 베푸는 마음, 넓고 깊은 사랑'으로 풀이할 수 있다. 당신은 나와 동등하고 나는 당신과 동등하므로, 당신의 아픔이 나의 아픔이고 나의 아픔이 당신의 아픔이라는 사실에 기초하는 마음이다. 곧 모든 존재에 대한 평등심을 가리킨다.

그런 점에서 명상을 통해 자애심을 보내는 첫 대상은 나 자신이다. 아직 자아의식에서 완전히 벗어나지 못한 명상가로서 세상에서 가장 사랑하는 사람은 '나'일 수밖에 없기 때문이다. 자신을 사랑하지 않는 사람은 다른 존재를 사랑할 수 없다는 의미가 깔려 있다고도 볼 수 있다.

자애명상을 하기 위한 선결 요건은 고요하고 평온한 몸과 마음의 상태다. 자애명상을 하기 전에 일반적으로 '용서 명상'이라는 절차를 거친다. 용서 명상은 나 자신의 내면을 강력하게 정화하는 작업으로, 자애명상을 할 수 있는 마음의 환경을 조성하는 방법이기도 하다. 용서 명상의 정형화된 문구는 다음과 같다.

"만일 내가 다른 사람에게 몸으로 입으로 생각으로 잘못을 행했다면, 내가 평화롭고 행복하게 살 수 있도록 용서받기를 원합니다. 또한 누군가가 나에게 몸으로 입으로 생각으로 잘못했다면, 그가 평화롭고 행복하게 살 수 있도록 나는 용서합니다."

이와 같은 용서 의식을 통해 평화롭고 고요해진 마음을 먼저 자신의 몸에 보낸다. 그리고 '내가 평안하기를, 행복하기를, 늘 미소 짓기를'과 같은 자애심을 보내본다. 몸의 모든 부위를 하나하나 마음의 눈으로 짚어가면서 평화와 자애심을 보내는 방법도 있다.

자애명상을 하는 방법은 대상 순서에 따라 정형화된 문구를 반복하는 것이다. 문구는 각자의 상황과 사정에 따라 내용을 조금 바꿔도 괜찮지만, 순서는 생각 이상으로 중요하다.

첫 순서는 반드시 '자기 자신'이다. 자기 자신에 대한 사랑이 충만한 사람이 이웃과 다른 존재에 대한 사랑도 베풀 수 있기 때문이다. 자신에 대한 애착과 사랑을 확인하면서 다른 존재들도 자기에 대한 애착과 사랑이 강하다는 사실을 이해할 수 있다는 의미도 있다.

"내가 건강하고 행복하고 평화롭기를!" 또는 "내가 원한이 없기를, 내가 악의가 없기를, 내가 근심이 없기를, 내가 건강하고 행복하고 평화롭기를!"

자신을 향해 이러한 말을 반복한다. 자신에 대해 온 마음을 집중하는 게 중요하다.

자신에 대한 사랑을 채웠다면 다음은 '좋아하거나 존경하는 사람'을 향해 자애의 마음을 보낸다. 부모, 자녀처럼 강력한 애착의 대상이 아니면서 존경심과 좋아하는 마음을 갖고 있는 스승이나 이웃 친구 등이 두 번째 자애 명상의 대상이 될 수 있다.

그들에 대한 자애 명상의 문구도 주어만 바뀌고 내용은 반복 형태를 취한다.

"선생님께서 건강하고 행복하고 평화롭기를" 또는 "선생님의 마음에 원한이 없기를, 악의가 없기를, 근심이 없기를, 건강하고 행복하고 평화롭기를!"

세 번째인 '중립적인 대상'도 마찬가지다. 중립적인 대상이나 마음에 떠오르는 모든 사람에게 자애의 마음을 보낸다. 부모, 가족, 형제 등과 같은 애착의 대상은 오히려 세 번째 단계에 넣어서 자애심을 보내기도 한다.

마지막 네 번째는 당신이 '싫어하는 사람'이다. 서로 소통이 잘

안 되는 사람, 대화하기 싫은 사람, 생각하면 즉시 분노가 일어나는 사람에게 같은 문구로 마음을 보낸다.

하지만 마음이 열리지 않는 상대는 보류하는 것도 좋은 방법이다. 마음이 닫힌 상태에서 억지로 마음을 보내게 된다면 자신도 모르게 부정적인 감정이나 그에게 자신이 자애심을 보냈다는 기억의 찌꺼기가 남을 가능성이 있기 때문이다.

따라서 먼저 자신의 마음을 잘 살펴봐야 한다. 특히 초보 명상가가 싫어하는 사람, 원한이 있는 사람에게 자애심을 보낼 때는 내면에 저항감이 없는지 살핀 후 실행하도록 한다.

자애명상도 다른 명상처럼 반복할수록 에너지가 강해진다. 가장 친숙하고 애착도가 높은 '자신'을 첫 대상으로 한다는 점에서 자애명상은 초보 명상가도 쉽게 시작할 수 있다. 자애명상의 효과는 즉각적이다. 명상을 실행한 사람의 몸과 마음이 즉시 이완되고 사랑의 마음으로 채워지는 느낌을 스스로 알 수 있다.

자애명상을 반복하다 보면 차츰 그 대상이 넓어진다. 그만큼 사랑의 에너지가 확장된다. 나와 내 주변 사람들, 이웃들, 한 지역민들, 국가, 전 세계의 모든 생명과 무생물들, 우주의 모든 생명과 무생물……. 자애명상이 익숙해지면 당신은 이처럼 상상할 수 있는 모든 존재들에게 사랑의 마음을 보낼 수 있게 된다.

자애명상을
반복하다 보면

사 랑 의 에 너 지 가 확 장 된 다.

2) 절 명상

일반적으로 '절'은 상대에게 예의를 취하는 몸짓이다. 태양이나 대자연에 대한 경배, 세상을 만든 존재에 대한 경외감의 표현, 섬기는 대상에게 귀의하여 그의 뜻을 기린다는 의미도 담겨 있다. 각자가 섬기는 대상에게 사랑과 믿음, 경외감 등을 표현하는 방식이라고도 할 수 있다.

절은 일반적으로 3가지 동작을 일컫는다. 서서 하는 목례, 허리를 가볍게 숙이면서 행하는 반배, 무릎과 양손을 바닥에 대고 이마도 땅에 대는 오체투지五體投地 자세다.

절 명상은 몸의 상반신을 발바닥이 있는 바닥까지 내린 후 상대를 높인다는 의미의 자세를 취하는 것이 일반적이다. 그런 점에서 절 명상은 정신적 고양감을 갖게 한다. 상대를 경배하는 태도는, 그 상대가 자신과 연결된 존재라는 의미에서 곧 나 자신에 대한 경배의 태도이기도 하다. 그러므로 절 명상은 다른 누구도 아닌 나 자신에게 예의를 갖추고 사랑을 보내는 행위다.

마음의 상대를 향해 몸 전체를 숙여 예의를 갖추는 절 명상은 육체적으로도 많은 이점이 있다. 일단 허리에 도움을 준다. 상체를 바닥 쪽으로 낮추면서 무릎을 꿇는 동작은 척추를 중심으로 근방의 근육을 강화시킨다. 또한 반복 동작으로 인해 자세를 교정하는 효과를 얻을 수 있다. 몸을 낮추는 동작에서는 자연스런 심호흡을 유도하여 산소 공급과 뇌 혈류 순환에 좋은 영향을 미친다.

절 명상을 할 때에는 몇 가지 주의할 점이 있다.

첫 번째는 자신이 저지른 과오에 대해 참회를 하는 마음이다.

두 번째는 비우는 마음을 내는 수행이다. 절을 올리며 다른 존재에게 가졌던 자만심, 욕심, 부정적 감정이나 마음을 비우는 행위다.

세 번째는 자신의 악습이나 집착 등을 끊고자 하는 태도다. 부모, 형제, 자녀, 친구는 물론 선연이든 악연이든 그 무엇에도 집착이 없기를 기원하면서 몸을 접고 마음을 낸다.

네 번째는 바치기다. 절 명상을 통해서 얻은 마음의 위안이나 기쁨, 환희심과 같은 무형, 유형의 이득을 모두 귀의 대상에게 바치고자 하는 마음으로 절을 한다.

다섯 번째는 섬기기다. 자신의 이마를 바닥에 대는 절 명상은 기본적으로 마음의 대상을 섬기는 태도다. 세상의 모든 생명과 무생물은 물론 자신이 보거나 보지 못하는 존재조차도 섬기고자 하는 마음을 내는 것이다.

여섯 번째는 감사다. 절을 하면서 그동안 자신에게 있었던 행운과 한 생명으로서 지금까지 살아온 모든 순간순간에 대한 감사하는 마음의 표현이다.

이 밖에도 절 명상을 통해서 '원 세우기'도 할 수 있다. 원 세우기는 절을 반복하면서 자신을 초월하여 세상을 돕고 사는 내면의 비전, 어둡고 후미졌던 어느 지역의 밝아진 모습, 행복한 공동체의 정경을 소원하며 올리는 몸의 동작이다. 자기 자신의 바람이 아니라 공동체나 도움이 필요한 존재에 대해 기원을 실어서 절하는 마음이라고 할 수 있다.

절 명상은 일반적으로 오체투지라고도 한다. 여기에서 말하는 오체五體는 자신의 신체 중 다섯 부위인 '이마와 양손, 양 무릎'을 말한다. 신체의 다섯 부위가 한꺼번에 바닥에 닿도록 몸을 낮춤으로써 대상을 섬기고 자신의 마음을 낮춘다는 의미가 강하다.

조건과 전통에 따라 조금씩 다르지만, 일반적으로 절 명상을 하는 순서와 방법은 다음과 같다.

· ·

① 바닥에 선 자세로 몸을 반듯이 세우고 척추 부위도 바르게 편다.
② 양 손바닥을 약간 동그랗게 하여 가슴 앞에 모은다. 이때 발뒤꿈치와 엄지발가락을 붙여서 몸 전체가 가지런히 정돈된 느낌이 들도록 한다. 팔꿈치는 양 옆구리에 가볍게 붙인다.
③ 두 손을 합장한 채 몸을 수그려 반배 후 척추를 다시 세운다.

④ 무릎을 구부림과 동시에 몸을 수직으로 방석 위에 천천히 내린
다. 무릎을 꿇은 자세에서 양발 뒤꿈치를 벌려서 등을 곧게 편
다. 엉덩이는 양발 뒤꿈치 위에 놓이는데, 이때 양손은 여전히
가슴 앞에 모아져 있다.

⑤ 고요히 날숨을 내뱉으며 합장한 두 손을 바닥에 대고 등도 곧게
펴서 고개를 숙인다. 양손을 벌려 바닥에 대고, 양손 사이에 이
마를 천천히 내린다.

⑥ 이마가 바닥에 닿은 상태에서 양 손바닥을 뒤집는다. 이때 양발
은 엉덩이 뒤에서 서로 포갠 상태를 유지한다. 이 순간 이마와
양팔, 양 무릎이 모두 바닥에 닿아 있게 된다.

⑦ 양손을 바닥에 짚고 머리를 든다. 몸이 ㄷ자 형태가 된 상태에
서 상체를 살짝 앞으로 밀면서 합장한다. 숨을 들이마시며 일어
선다.

⑧ 몸을 바로 세우고 두 손을 모은 채 '1번'부터 다시 시작한다.

....

3) 식사 명상

밥을 먹고 있는 사람이 입안의 육체적 느낌을 알아차리고 있다
면 그는 자신에 대해 고요히 깨어 있는 상태라고 할 수 있다.

'어금니가 밥알을 으깨고 있구나, 으깸, 으깸, 으깸. 그 밥이 식

도를 타고 내려가는구나, 내려감, 내려감, 내려감. 내 손이 밥숟가락을 또 뜨는구나, 뜸, 뜸, 뜸.'

순간순간 쉬지 않고 자각하면서 밥을 먹으면 식사 명상_{Mindful Eating}이라고 할 수 있다.

식사 명상을 하면 다른 사람까지도 절로 밥맛이 돈다. 쓴맛, 단맛, 신맛, 떫은맛, 매운맛뿐만 아니라 잘근거림, 끊어짐, 쫀득거림, 질김, 와삭거림 등 모든 감각을 총출동시켜 음식을 음미해본다. 식사하면서 그 음식이 자기 입에 들어오기까지의 과정을 마음속으로 그려본다면 식사의 차원이 한층 달라질 수도 있다. 음식이 입안에 들어올 때까지 동원된 우주의 모든 것들을 살펴보는 마음!

밥을 지어준 사람, 쌀, 농부, 식량 운송 수단, 쌀이 자라도록 해준 물, 햇빛, 어둠, 바람, 하늘, 밥공기를 만든 사람, 숟가락, 젓가락을 만든 사람, 상을 만든 사람, 배추를 키운 사람, 고추를 키운 사람, 고추를 빻아준 사람, 그 기계, 그 기계를 만든 사람, 그 기계의 부속을 만든 사람…… 이렇게 하나하나 짚어가다 보면 놀라운 사실을 깨달을 수 있다.

이 세상 어느 것 하나도 지금 내가 먹고 있는 음식과 연관되지 않은 것이 없다는 사실! 식사를 하고 있거나 하기 전에 이러한 진실을 머리가 아닌 온 마음으로 깨닫는다면, 한 끼 식사는 모든 존재에 대한 감사와 찬탄이 우러나오는 참된 자아 찾기의 시간이 될 것이다.

안내 : 식사 명상은 음식을 스스로 차리거나 음식이 내 앞에 놓였을 때 '지금 어떤 마음'인지 알아차리는 게 일반적인 순서다. 이 음식이 나에게 오기까지 수고한 하늘과 땅과 비와 햇빛 등 자연과 농부를 비롯한 모든 것을 떠올리고 감사의 마음을 보낸다. 식사 전에는 잠시 몸을 멈추고 식욕과 위장의 반응, 몸 전체의 반응을 살펴본다.

....

① 숟가락이나 젓가락을 들고 어떤 음식에 먼저 손이 가는지 알아차린다. 무슨 기억이나 감정을 따라 음식을 집는지 살펴본다.

② 젓가락으로 음식을 집어서 입에 넣는 순간, 우물거리는 음식의 맛, 감각 등을 하나씩 알아차린다. 씹을 때 마음속으로 '씹음, 씹음, 씹음'이라는 명칭을 붙이는 것도 좋다.

③ 음식을 먹는 동안 음식 각각에 대한 자신의 마음이 어떻게 변하는지, 어떤 기억이나 감정이 일어나는지 주의 깊게 알아차린다.

④ 음식을 먹는 속도를 주시해서 알아차린다. 빨리 먹는지, 느리게 먹는지, 저작하는 상황이 어떠한지 주시하면서 먹는다.

⑤ 음식을 먹는 동안 숟가락이나 젓가락이 그릇에 부딪히는 소리에 귀를 기울이고 알아차린다. 입안에서 씹고 있는 음식 소리를 듣거나, 숟가락과 젓가락을 식탁에 놓거나 들어 올리는 소리를

들으면서 그 의도나 마음을 알아차린다.

⑥ 음식을 먹은 후 음식을 먹기 전과 지금의 상태를 되돌아본다. 위장의 포만감 정도, 식사 전과 후의 심리, 식욕의 변화를 되돌아보고 마음의 변화도 함께 살핀다.

....

효과 : 식사 명상은 밥을 먹기 전 예비 명상이 중요하다. 이 음식이 내 앞에 오기까지 역순으로 상상해본다. 상상하는 것만으로도 감사의 마음이 차오를 수 있다. 밥을 하고 밥상을 차려준 사람, 밥이나 반찬을 담아준 솥이나 그릇들, 전기나 가스레인지, 숟가락, 젓가락, 밥상 위 물건 하나하나를 보며 감사의 마음을 보낸다. 거슬러 가다 보면 숟가락을 만든 사람, 그 숟가락 제조 공장, 숟가락을 판매한 사람 등으로 확산되고, 그 모든 존재와 자연에게 감사의 마음을 보내게 된다. 곧 온 세상의 은혜에 마음이 열리게 된다.

4) 지하철 명상

안내 : 지하철이나 대중교통을 이용할 때 가장 큰 이익은 '걷기 명상'을 할 수 있다는 점이다. 지하철 이용을 위해 사람들의 흐름을 따라 걷는 과정은 '지하철 명상'의 예비 수행이라고 할 만하다. 걸으면서 '왼발, 오른발, 왼발, 오른발' 하고 명칭 붙이기를 하면 먼

거리도 가깝게 느껴지고 산만해지기 쉬운 마음이 흐트러지지 않는다. 플랫폼에서 지하철을 기다릴 때 자신의 시선이 지금 무엇을 보고 있는지 알아차린다. 양발을 어깨 넓이로 벌리고 안정적인 자세를 취하는 게 좋다. 시선을 5미터 앞에 떨어뜨리고 바디스캔 또는 호흡 관찰을 하거나 일어나는 다양한 생각을 지켜보는 '마음 바라보기 명상'을 하는 것도 좋다. 이런 명상은 눈을 뜬 채로 할 수 있다. 지하철이 진입하는 안내가 나오면 그 소리를 듣고 있는 자신의 마음을 주시하거나 주변 소음을 귀담아 듣는다. 자신의 내면이 고요하면 지하철 플랫폼과 같은 조건에서도 내적 고요함이 유지되는 것을 경험하게 된다.

....

① 안내 방송과 함께 들어오는 지하철에 시선이 갈 것이다. 지하철 유리창 안쪽은 많은 승객으로 혼잡한 상태일 수도 있고 빈자리가 보일 수도 있다. 승객이 많고 적음에 따라 자신의 '감각, 생각, 기억, 감정'이 어떻게 변하는지, 움직이는 마음의 변화를 알아차린다.

② 지하철 안에서 빈자리가 눈에 띌 때 어떤 '감각, 생각, 기억, 감정'이 올라오는지 바라보고 알아차린다. 빈자리가 전혀 없고 서 있게 됐을 때, 내 앞에 앉아 있던 사람이 다음 정거장에서 내리

기 위해 일어서려 할 때, 두세 사람 건너에 나보다 연로한 사람이 서 있고 방금 빈자리가 생긴 순간……. 그때그때 마음이나 몸에서 가장 강하게 일어나는 감각을 '있는 그대로' 알아차리고 '그렇구나' 해본다.

③ 당신이 여유 있는 공간에 서거나 좌석에 앉으면 안정적인 명상 조건이 갖춰진 셈이다. 등받이에서 등을 살짝 떼고 부드럽게 척추를 편 채 시선을 바닥에 내리거나 가볍게 눈을 감는다. 양손은 양 허벅지 사이에서 편안하게 모아준다. 양 손바닥이 서로 겹치게 놓는 것도 좋다. 지하철의 흔들림에 따라 자신의 몸이 물결에 흔들리는 잎새뜨기 수영하듯 이완된 상태라면 최상이다. 몸을 멈춘 상태에서 지하철의 소음에 귀를 기울이거나 일어나는 '감각, 생각, 기억, 감정'을 바라보고 알아차린다. 이때에도 '그렇구나' 하고 인정하고 수용해주는 마음이 중요하다.

④ 중간중간에 의식의 방향을 전환하여 내릴 곳을 확인하는 마음을 내야 한다. 의식을 전환할 때는 마음속으로 '전환, 전환' 하면서 명칭 붙이기를 하면 도움이 된다. 열차 내 방송 소리에 귀를 기울일 때는 방송만 듣고자 하는 의도를 낸다. 내려야 하는 역이 확인되면 자리를 이동하는 순간 어떤 '감각, 생각, 기억, 감정'이 있는지 알아차린다.

⑤ 다음 역에서 내리기 위해 승객들 사이를 빠져나오는 동안 자신

열악한 공간에서 고요한 마음과 평화로운 움직임을 갖는 것이야말로
생활 속 명상 현장이라고 할 수 있다.

이 어떻게 몸을 움직이는지 알아차린다. 뒤에서 미는 사람, 어깨가 부딪히는 순간…… 등 상황에 따라 몸이 어떻게 흔들리고, 어느 부위에 접촉감이 있는지 알아차린다. 그럴 때 마음이 어떻게 변하는지 살피면서 천천히 움직인다.

⑥ 지하철 계단이나 출구를 따라 걸으면서 다시 걷기 명상을 한다. '왼발, 오른발, 왼발, 오른발……' 명칭을 붙이면서 걷는다.

효과 : 지하철 명상은 반드시 지하철이 아니라 대중교통이면 모두가 해당된다. 대중교통 이용은 타인과의 접촉도가 높을 수밖에 없는 조건이다. 승객의 밀도에 따라 승객들의 신경도 민감한 상태라고 할 수 있다. 우리가 알고 있는 명상의 조건치고는 열악하다는 생각이 들 수도 있다. 하지만 이와 같은 공간에서 고요한 마음과 평화로운 움직임을 갖는 것이야말로 생활 속 명상 현장이라고 할 수 있다.

#2
낮 명상

---

1) 대화 명상

대화 명상은 상대방과 대화하는 자신을 지속적으로 알아차리는 상태를 말한다. 하지만 나라는 존재의 일방적인 알아차림만을 대화 명상이라고 하기에는 부족하다. 대화에는 반드시 상대가 있기 때문이다. 대화 상대와 나에 대한 집중과 알아차림이 핵심이다.

명상 중에서 대화 명상의 가치가 높아지는 이유는 타인과의 관계와 소통이 갈수록 중요해지고 있기 때문이다. 우리의 삶에서 '몸짓 언어, 소리 언어'를 빼면 무엇이 남게 될까? 몇몇 사람들이 모여 있을 때 우리는 그들이 사용하는 언어와 태도, 소리의 음량을 보고 들으면서 집단의 전체적 성격, 주요 업무, 경제력, 나이 따위를 파악한다.

많은 사람이 대화의 어려움을 호소한다. 만남 자체가 즐거운 모임에서도 우리는 소통의 불편을 느끼곤 한다. 번번이 대화의 어려움에 봉착하게 되는 건 어떤 문제 때문일까?

서로 대화의 무의식적 목적이 다르기 때문이다. 사람과 사람의 만남에는 언제 어느 때나 목적이 있다. 목적이 선명하게 드러나 있고 목적을 관철하기 위한 대화를 우리는 협상 또는 거래라고 표현한다. 회사의 업무 회의도 일종의 타협이나 설득을 통해 의도를 관철하는 활동이다. 대화의 목적성은 수평적 관계가 아닌 수직적 계급 `구조 안에서도 비슷한 방법으로 이루어진다. 수직적 관계의 정점에 있는 사람이라고 해서 하고 싶은 말과 뜻을 마음껏 펼치는 것은 아니다. 히틀러가 쓴 『나의 투쟁』을 보면, 히틀러조차 "대화나 토론은 사람들을 설득하는 데 효과적인 수단이 아니다" 하며 불만스러워한다.

친한 친구와의 만남은 어떨까? 당신은 어쩌면 지금 한 친구를 떠올리면서 특별한 목적이나 의도 없이 만나는 친구와는 대화 명상이 필요하지 않다고 느낄지도 모르겠다.

목적 없이 만나는 친구 중에서 대표적인 관계는 가족이다. 가족은 가장 친한 친구이자 서로 대화하지 않아도 통한다고 믿는 존재다. 하지만 이 관계야말로 대화 명상이 가장 필요하다는 생각을 하게 될지도 모른다. 가족처럼 밀도 높은 관계는 무의식적 목적이 벽체 안쪽의 고압선처럼 은밀하게 교류하는 데다 해묵은 소통 패턴이 굳어 있기 때문이다.

대화와 소통은 언어를 사용하는 인간의 본성이다. 아이들은 부모에게서 칭찬이나 인정을 받고 싶어 한다. 부부는 서로 '심리적 따뜻함, 다정함, 배려, 사랑' 등의 교류를 원한다.

대화 명상은 이러한 모든 관계 방식의 정답을 경험하는 일이다. 누구나 살아온 세월만큼 많은 관계를 겪는다. 문제 해결이 쉽지 않은 이유는 그동안 반복되어온 몸의 습관, 언어 습관, 발성 습관, 표현 습관 등이 존재 전체에 배어 있기 때문이다. 대화는 타인과 소통하면서 '소통하는 자신과 상대방의 마음'까지도 알아차리고 수용하려는 것이다.

그러므로 대화 명상은 '명상의 오케스트라'다. 지휘자인 당신의 입장에서 단원의 역할인 대화 상대는 친밀감 또는 긴장을 불러일으키는 존재들이다. 그들의 몸짓과 입에서 어떤 언어와 의도가 드러날지 알 수 없기 때문이다.

대화 명상은 단순한 대화 기술이 아니다. 대화를 통해 상대방을 설득하거나 통제하려는 의도와는 거리가 멀다. 인간관계와 개인 성장의 지평을 확장하고자 하는 명상적 접근이 대화 명상의 방향이다. 자신과 상대방을 존중하면서 지금 이 순간에 집중하는 알아차림 명상의 실질적인 적용인 것이다.

뇌과학과 심리학을 결합한 연구로 유명한 대니얼 시겔은 "원활한 대화는 뇌의 연결성을 강화한다"고 말한다. 관계 중심의 알아차림 작업인 대화 명상은 감정 조절, 공감 능력, 자기 성찰의 증진에 기여한다. 초월 심리학자인 캔 윌버 또한 대화 명상에 대해 "대화를 통해 자기와 타인의 경계를 초월하고 깊은 이해를 얻는 과정이면서 의식적 성숙의 도구"라고 설명한다. 대화 명상은 자신의 목적이나 욕망에 집중하는 표현들과는 차이를 보인다.

대화 명상의 내적 요소와 이익은 다음과 같다.

....

① **경청** │ 경청은 상대에게 몸과 마음을 온전히 집중하는 것을 의미한다. 특히 마음챙김 경청Mindful Listening은 말하는 이의 목소리를 넘어 표정, 감정, 의도에 공감하면서 듣고자 하는 마음을 말한다. 칼 로저스는 "적극적 경청은 우울증이나 자폐증 등 다양한 심리적 치료에 강력한 효과를 발휘한다"고 밝힌다. 그에 의하면 '경청하는 것을 넘어서는 치유 작업은 없다'. 대화 명상은 이처럼 상대에 대한 주의 집중, 비판단적인 태도, 열린 마음가짐으로 상대의 말과 몸짓, 특이한 표정, 목소리의 높낮이를 온전히 받아주는 상태를 말한다.

② **자기 알아차림** │ 자기 알아차림은 대화 명상의 기둥이다. 바다의 겉모습은 늘 크고 작은 파도로 일렁이지만 심해는 거대한 침묵의 세계다. 자기 알아차림은 심해와 같은 상태를 추구한다. 몸과 마음은 대화 상대의 말과 표현에 활짝 열려 있지만 내면은 깊은 바다처럼 고요하고 흔들림 없는 모습인 것이다. 이것은 대화 중에도 자기 몸과 마음에 대해 온전히 깨어 있음을 의미한다. 상대방의 말을 들으며 어떤 기억이 올라오는지, 어떤 감정이 일렁이는지 알아차리는 것이다. 상대방의 말이나 감정, 표현 방식, 거친 언사에 흔들리려는 마음이 올라올 때 그 마음 자체를 알아차리는 힘이다.

자기 알아차림 연습은 몸 감각에 대해 명칭을 붙이며 깨어 있기를 거듭할 때 익숙해진다. 가령 상대방이 모욕적인 표현을 할 때, 당신의 의식이 몸에 가 닿은 상태에서 가슴이 두근거리면 '두근거림, 두근거림'과 같은 명칭 붙이기를 하면서 알아차리는 방식이 있다.

③ **공감** │ 공감은 대화 명상에서 보이지 않는 다리와 같다. 보이지 않는 다리로 이어진 두 영혼이 함께 춤추는 일이다. 공감은 단순히 상대의 음성 듣기를 넘어 그의 몸짓과 태도, 표정, 감정 리듬을 있는 그대로 수용하는 마음이자 몸짓이다. "다음 날 아

침에 일어났을 때 나는 엄마가 날 버리고 떠난 사실을 깨달았어요" 하고 흐느끼는 상대방의 가슴에 '보이지 않는 다리'를 놓아주는 일이다. 함께 눈물짓고, 그의 언어가 감성을 미처 따라가지 못할 때에도 기꺼이 그 간극을 채워주는 정서적 교감이다. 공감은 언어가 닿지 못하는 심연에 도달하는 예술이다.

④ **호기심** | 대화 명상에서 호기심은 상호 이해를 넘어서는 연결 고리를 만든다. 역사학을 공부한 학생에게 이런 질문을 하면 어떨까? "시간을 거슬러 역사 속 인물과 대화할 수 있다면 누구와 하고 싶나요?" 반짝이는 그의 눈빛이 그려지지 않는가? 누군가의 욕구나 미해결된 감정에 대한 호기심을 드러내면서 그의 눈빛이 살아나게 하는 질문도 할 수 있다. "지금 당장 모든 질문에 답을 얻을 수 있다면 무엇을 물어보고 싶나요?" 이성에 관심이 많을 만한 나이대의 상대에게는 호기심 어린 말을 건넬 수도 있다. "어떤 사람의 마음을 단 하루만 들여다볼 수 있다면 누구의 마음을 보고 싶어요?" 심리학자인 브레네 브라운은 "호기심과 개방적인 태도는 상대방의 취약점을 인정하고 숨은 내면을 드러내도록 돕는다"고 말한다. 대니얼 골만은 "상대방의 감정과 생각에 관심을 보여주는 호기심은 자신의 경험이 인정받았다는 느낌을 준다"고 말한다. 이처럼 대화 명상에서 호기

심은 상대방의 내면을 확장시키면서 자연스레 대화의 영토도
활짝 열게 한다.

....

2) 명칭 붙이기 명상

열댓 명의 청소년으로 이루어진 독서 모임에 간 적이 있다. 10분
쯤 일찍 도착한 나에게 중학생으로 보이는 한 남학생이 커피와 보
이차가 있다면서 웃었다. 나는 따뜻한 커피를 마시겠다고 했다. 그
학생은 밝은 회색 잔에 커피를 반쯤 담아서 가져왔다. 보고 있던 신
문을 치운 나는 탁자에 커피잔을 내려놓는 학생을 무심코 바라보았
다. 커피잔을 내려놓는 학생의 움직임은 자연스러웠다. 그런데 그
자연스러움 속에서 어딘지 예사롭지 않은 느낌이 들었다. 조용한
공간이었음에도 커피잔 놓는 소리가 전혀 들리지 않았던 것이다.
짚이는 데가 있어서 학생에게 물었다.

"무슨 수를 쓴 거지? 탁자에 잔 내려놓는 소리를 못 들었거든!"

학생이 약간 쑥스러워하는 미소를 지었다.

"그냥 명칭 붙이기라는 걸 해봤어요."

'명칭 붙이기 명상'은 자기 몸과 마음의 움직임에 이름표를 달
아주는 명상법이다. 대체로 혼자 움직일 때 하기 좋은 이 방법은
자기 몸과 마음의 동작에 초점을 맞춰서 이름을 불러준다. 방법은

간단하다. 지금 거리를 걷고 있다고 상상해보라. 왼발, 오른발, 왼발, 오른발…… 이렇게 걸을 것이다. 명칭 붙이기 명상은 바로 이 상황을 마음속으로 읊어주는 것이다. 왼발을 앞으로 내밀 때 '왼발'이라고 마음속으로 명칭을 붙인다. 오른발을 앞으로 내밀면 '오른발'이라고 명칭을 붙인다.

'왼발, 오른발, 왼발, 오른발……'

명칭 붙이기는 어떤 생각이나 감정, 몸의 움직임을 스스로 주시하고 알아차리면서 의도적으로 이름을 붙여주는 일이다. 커피잔을 잡기 위해 손을 뻗으면 마음속으로 '뻗음, 뻗음, 뻗음' 하면서 뻗는 동작에 이름을 붙여준다. 커피잔을 쥘 때는 '쥠, 쥠, 쥠' 하며 동작에 이름을 붙여준다. 커피잔을 탁자에 놓을 때는 '놓음, 놓음, 놓음' 하면서 놓는 동작에 시선을 둔다.

명칭 붙이기 명상은 생각뿐만 아니라 감정을 대상으로 할 때도 감정의 변화와 해소를 분명하게 확인할 수 있다. 운전 중에 옆 차선을 달리던 차가 급하게 차선 변경을 하여 추돌할 뻔한 경우를 상상해보자. 그런 일이 발생한 순간 당신은 몸이 긴장되면서 부정적인 감정이 날카롭게 솟구친다. 이때 분노의 불길에 휩싸인 자신을 향해 '분노, 분노, 분노……'라는 명칭을 붙여보라. 곧 놀라운 반전이 일어난다. 솟구치던 욕지기나 분노 섞인 감정이 사그라지는 경험을 하게 될 것이다. 왜 그럴까? 주시하는 동안 추돌할 뻔한 상황도 바뀌고 있고, 당신의 감정 또한 바뀌고 있기 때문이다. 분노의 감정이 사라지면 당신의 명칭 또한 바뀌지 않겠는가. '사라짐, 사라짐, 사라짐…….'

정좌 명상을 할 때에도 명칭 붙이기는 가능하다. 호흡 명상을 한다면 마음의 시선을 코나 배에 모은다. 가령 마음의 시선을 배에 두고 숨을 들이쉰다면 마음속으로 '일어남'이라는 명칭을 붙인다. 숨을 내쉴 때는 '꺼짐' 또는 '사라짐'이라는 명칭을 붙인다. 호흡 명상을 시작할 때 '일어남, 꺼짐, 일어남, 꺼짐……' 하며 명칭 붙이기를 하면 당신의 의식이 배나 코라는 관찰 대상에 거의 즉각적으로 집중한다. 이 상태에서 계속 '일어남, 꺼짐'이라는 명칭을 붙이면 다른 생각이 끼어들 여지없이 미세한 호흡을 관찰할 수 있다. 미세한 호흡을 관찰할 수 있다는 것은 그만큼 당신의 몸과 마음이 고요해졌음을 의미한다.

3) 키워드 명상

홍길동은 조선 시대 연산군 때 충청도 일대에서 활동한 실존 인물로 알려져 있다. 선조 2년에 태어난 허균은 이 사람을 모델로 소설적 상상력을 발휘하여 우리나라 최초의 한글 소설을 썼다. 그런데 당신이 만약 오늘 '홍길동'에 대해서 24시간 동안 생각해보기로 한다면 어떨까? 아마도 자연스럽게 마음속으로 '홍길동, 홍길동' 하고 되뇌이게 될 것이다. 당신의 모든 생각의 중심부에는 '홍길동'이 있게 된다.

'홍길동은 어떤 사람일까? 홍길동은 나에게 영웅일까? 홍길동은 왜 산적이 됐을까? 홍길동은 과연 의적일까, 도둑에 불과할까? 나는 홍길동에게서 무엇을 배울 수 있을까?'

키워드 명상은 바로 이와 같은 몰입적 사유를 말한다. 하나의 주요 키워드를 하루나 이틀 동안 끊임없이 마음에 담고 스스로에게 질문하는 명상법이다. 잡다한 생각들 속에 사는 현대인에게 몰입적 사유는 낙엽으로 어지러운 마당을 쓸어내는 빗자루 같은 역할을 한다.

불교 수행의 측면에서 보면 일종의 화두 수행에 가깝다. 하지만 키워드 명상은 화두 수행과 다른 측면이 있다. 키워드 명상은 논리나 추론, 비판적 사고를 통한 문제 해결, 이해 증진 등에 초점을 맞추어 스스로 만족스런 해답과 정신적인 이득을 얻고자 하는 명상법이다. 그에 비해 화두는 '깨달음이나 자아 초월'을 추구한다. 즉 추상적인 질문이나 미스터리한 역설을 통해 일상적 의식에서는 얻기 어려운 거대 의식을 얻고자 한다.

하지만 하루 종일 하나의 문제를 마음에 품고 있다면 '키워드 명상'이라고 표현하든 '화두 명상'이라고 하든 크게 다를 바 없다.

하나의 단어나 의미에 몰입하여 반복적으로 질문하는 과정과 방법은 다르지 않기 때문이다. 다만 키워드 명상은 번다한 일상을 살아가는 당신에게 실용적 명상법이라고 할 수 있다.

사춘기 아들을 둔 엄마라면 아들로 인해 가슴이 답답할 때가 있을 것이다. 아들 생각을 하지 않으려 하고, 어차피 자기 인생인데 하면서 외면하려 해도 도무지 마음의 시선이 아들 곁을 떠나지 않는다. 일은 거기에서 그치지 않는다. 아들에 대해 대범한 건지 무심한 건지 알 수 없는 남편의 태도는 그야말로 눈엣가시다. 그러니 온 식구가 다 꼴 보기 싫고, 이 상황을 떨쳐내지 못하는 자신에 대해 실망과 분노를 넘어 숨넘어갈 것 같은 우울감에 휩싸이기도 한다.

키워드 명상은 이런 상황에 있는 당신에게 도움을 줄 수 있다. 누군가와 거래하려고 할 때 '어떻게 하는 것이 더 이익인가'와 같은 주제로 사유를 해보는 것도 좋지만, 아들이나 가족이라는 일생의 숙제 같은 주제는 키워드 명상을 하는 데 안성맞춤이다.

질문은 단순한 게 좋다. '나에게 아들은 무엇인가?' 아니면 그냥 '아들'이라고 한 단어로 축약해도 좋다. '아들아, 너는 누구니?' 이런 질문이 편하면 그렇게 해도 된다. 질문은 그 질문 안에 해답의 씨앗이 있다. 특히 자기 질문은 손아귀에 이미 해답이 있음을 확신해도 좋다. 당신이 '아들'이라고 할 때 '아들'이라는 키워드는 즉시 응답하기 시작한다.

'아들'이라고 할 때 내면에서 나오는 대답은 무엇인가? 무슨 언어가 나오든 그 자체가 순조로운 시작이다. 당신의 내면에서 가령 '골칫거리'라는 답이 나왔다면 그 즉시 다른 목소리가 들릴 것이다. '늘 골칫거리인 건 아닌데!' 그렇다. 아들이 늘 골칫거리는 아니었다. 앞으로도 계속 그럴 거라는 법도 없다. 이것이 정답이다. 그러면 당신의 내면에서 '아들=골칫거리'라는 등식은 절대로 재등장하지 않는다.

자, 당신은 지금 아들에 관한 문제를 해결했다. 그럼에도 당신은 다시 같은 질문을 던진다. '나에게 아들은 뭐지?' 이번에는 '잘생긴 사내'란 답변이 올라올 수 있다. '그렇지!' 당신은 흡족해한다. 하지만 곧 마음이 무거워진다. '잘생긴 녀석이 하는 짓이라고는!' 이런 대꾸가 올라왔기 때문이다. '그래, 이것도 아니군!' 당신은 이렇게 또 하나의 대답을 흘려보낸다.

키워드 명상은 이처럼 막연하거나 추상적인 문제를 풀어나가는 일종의 몰입적 사유 방식이다. 하나의 질문이나 하나의 단어에 달려 있는 수많은 해답을 떠올리고 비우면서 자기 내면의 진실을 찾아간다.

이 내용에 관한 좋은 사례가 있다. 『몰입』이라는 책으로 유명한 황농문 박사는 '몰입적 사유' 방식을 통해 자신감과 만족감으로 성공적인 삶을 살고 있는 사례들을 책 곳곳에 풀어내고 있다. 그는 '어떻게 살아야 할까?'라는 자기 질문을 들고 일주일간 몰입한 적이 있다고 밝힌다. 일주일 동안 자나 깨나 '어떻게 살아야 할까?'라는 질문에 집중한 그의 최종 결론은 '행복하게 살자'와 '해야 할 일을 최선을 다해 잘하자'였다.

이 말을 듣고 당신은 이렇게 생각할지 모른다. '일주일이나 투자해서 고작 생각해낸 것이 저런 거야?' 하지만 그로서는 그 시간이 자신의 삶은 물론 무의식적으로 기억하고 있는 세계의 석학이나 위인들, 뜻을 이룬 수많은 이들의 삶을 하나하나 되짚어보는 기간이었을 것이다. '어떻게 살 것인가?'라는 하나의 질문을 거듭거듭 되뇌이면서 얻은 결론은, 그의 기억 속 수많은 인물의 성공과 실패들이 용광로 속에 던져진 쇳덩이처럼 녹아들고 뒤섞여서 정선된 작품인 것이다. 누군가에게는 흔해빠진 언어의 조합으로 보일지 모르지만, 황농문 박사에게는 이것이 삶의 전체를 관통하는 금과옥조라는 사실만큼은 분명하다.

4) 메소드 명상

메소드 명상은 일정 기간에 최선을 다해 '내가 원하는 사람으로 살아보기 명상'이다. 어린 시절에 당신은 가족 안에서 알게 모르게 '누군가가 되어보기'를 하면서 살아왔다. 부모, 형제, 이웃 친구들은 당신의 몸과 여러 생각, 감정을 비춰주는 거울이었다. 당신은 그들의 표정과 말투, 대화와 태도를 경험하면서 자신의 생각이나 태도를 내면화했다. 그들이 당신에게 하는 말과 태도, 표정 등은 어린아이인 당신을 비춰주는 거울이었다.

당신이 '자신'이라고 하는 사람은 누구인가? 성장하면서 당신은 스스로 자신의 이야기를 만드는 사람으로 변화한다. 스스로 그 이야기 속의 주인공이 되어간다. 『내면소통』의 저자 김주환은 "나라는 관념, 즉 자의식은 내 몸이 지각하는 온갖 경험에 대한 스토리텔링이다"라고 말한다.

나라는 사람은 내 의식 안에서 '만들어진다'. 당신은 이런 자신을 '나'라고 생각한다. 당신이 만약 자신을 술주정뱅이라고 생각하고 그런 사람이 되려고 노력한다면? 일주일 내내 밤늦게까지 술을 마시고, 주변 사람들과 다투면서 하루를 마감하는 생활을 한다면? 아마 당신은 노력했던 의도를 머지않아 완성하게 될 것이다.

짧은 시간 동안 자기 암시를 하는 것이 자기 최면이라면, 메소드 명상은 '누군가가 되어보고자 하는' 지속적이고 적극적인 작업이다. 마음속 인물이 되어보는 연극이자, 그 사람과 일체가 되는 명상 수행이기도 한다.

메소드 명상은 이왕이면 내가 원하는 바람직한 사람으로 살아보는 것이다. 연극배우가 자신이 맡은 배역을 위해 롤 모델을 정하고 자신을 그의 모든 것과 일치하려고 노력하는 과정을 떠올리면 금세 이해가 될 것이다.

　메소드 명상은 롤 모델로 삼고 싶은 사람을 선택하는 것에서 시작한다. 만약 넬슨 만델라와 같은 비폭력 평화주의자의 삶을 살고 싶다면, 당신은 일단 그에 관한 정보를 최대치로 얻어야 할 것이다. 그런 후 그를 연구한다. 명상 속에서 늘 그의 모습, 표정, 걸음걸이, 목소리, 타인을 대하는 모습 등을 형상화한다. 정좌 명상 속에서 하루에 한두 번 그의 모든 것을 자신의 몸과 마음에 배어들게 하는 명상을 한다.

　메소드 명상의 두 번째 규칙은 마감 시간을 정하는 것이다. 한 달이나 두 달, 석 달이라는 기한을 정한다. 기한을 정하는 이유는 '다시 본래의 자기'로 돌아오는 것이 목적이기 때문이다. 메소드 명상은 자신의 삶이 어떤 것인지 깨우치기 위한 방편이었기 때문이다.

　메소드 명상 기간 동안 당신은 롤 모델의 의식을 경험하거나 그의 태도, 걷는 모습, 몸짓 등을 하기도 했을 것이다. 생전 처음 보는 자신의 모습을 본 것 같기도 하다. 그런 느낌을 경험했다면 메소드 명상은 그 자체로 성공이다. 이 경험으로 인해 나의 삶이라고 하는 것이 결국 내가 써나가는 스토리텔링일 뿐이라는 사실을 확인했기 때문이다.

메소드 명상은 나라는 존재가
늘 새로운 이야기를 써나가고 있음을 깨닫게 해준다.

메소드 명상은 나라는 존재가 늘 새로운 이야기를 써나가고 있음을 깨닫게 해준다. 본받을 만한 사람, 존경하는 인물이 아니어도 좋다. 가까이 사는 어린아이를 마음의 모델로 삼아 그렇게 살아보기를 해도 좋다. 그 아이를 나의 내면에 초대하여 하루 정도라도 그 아이로 살아보는 것이다. 이 또한 메소드 명상으로 충분하다.

내 안에 갇혀 있던 자아의식에서 빠져나와 타자의 삶을 살아보는 것, 그 가운데 나와 다른 사람의 삶의 차이를 보는 것, 그 차이를 경험하고 느끼면서 스스로 교정하고 싶거나 교정하게 된다면, 메소드 명상의 실천이라고 할 만하다.

#3
저녁 명상

---

1) 걷기 명상

걷기 명상은 걸으면서 '걷고 있는 자신'을 알아차리는 명상법이다. 우리는 일상적으로 걷거나 앉거나 누운 상태에서 지낸다. 그중에서 앉아 있는 상태가 아니라면 거의 걷고 있다고 해도 과언이 아니다. 그런 점에서 걷기 명상은 생활 속의 명상으로 효용성이 높다. 몸을 움직이면서 고요와 평화를 유지할 수 있다면 자신뿐만 아니라 주변의 여건에 대해서도 밝게 깨어 있는 마음을 유지할 수 있기 때문이다.

티베트 수행자인 아남 툽텐 린포체는 "일상에서 알아차림과 깨어 있음을 유지하는 것은 자동차 배기가스로 비유하면 완전 연소와 같다"고 한다. 걷기 명상은 몸의 긴장과 함께 심리적 질환에 노출되기 쉬운 현대인에게 신체적 건강을 넘어 평화롭고 지혜로운 삶의 길을 열어가는 방편이다.

걷기 명상의 핵심은 몸의 움직임에 대한 알아차림이다. 왼발을 앞으로 내딛는 순간 '왼발을 앞으로 내딛음'을 알아차리는 일이다. 오른발을 앞으로 내딛는 순간 '오른발을 앞으로 내딛음'을 알아차린다.

설명에서 이해까지는 간결하고 쉽다. 하지만 우리의 습관화된 의식은 '알아차림 상태의 지속'을 쉽게 허용하지 않는다. 걷는 행위는 얼마든지 할 수 있지만, 걷고 있는 몸과 마음을 지속적으로 알아차리는 일은 그렇지 않다. 알아차림이 의식과 몸에 체화되지 않았기 때문이다. 따라서 초보 명상가에게 걷기 명상은 의도적이고 지속적인 연습이 필요하다.

걷기 명상을 연습할 수 있는 장소는 사방이 닫힌 공간이 유리하다. 언뜻 생각하면 경치 좋고 사방이 확 트인 공간이 좋을 듯하지만, 그런 공간은 오히려 시선이 산만해지거나 아름다운 경관 쪽으로 시선과 의식이 흩어지기 쉽다. 그런 점에서 걷기 명상은 10여 미터 정도의 공간이 확보된 곳에서 일정한 선線을 따라 왕복하면서 연습하는 게 도움이 된다.

다음은 초보 명상가가 걷기 명상을 할 때 행하는 일반적인 순서와 방법이다.

① **걷기 전** | 양발을 가지런히 멈춘 상태에서 양손을 가운데 모으거나 뒤로 모은다 이 자세는 손의 흔들림을 방지함으로써 주의가 산만해지는 것을 막는 역할을 한다.

② **준비** | 가야 할 방향과 목표 지점을 살펴본다. 그런 후 가볍게 눈을 감고 바디스캔으로 몸의 긴장을 푼다.

③ **걷기 시작** | 천천히 걷기 시작한다. 걸을 때는 상체를 반듯이 세운 채 걷는 게 중요하다. 보폭을 평소보다 3분의 1 정도로 줄인다. 걸을 때는 발뒤꿈치부터 지면에 닿는 게 자연스럽다. 걷기 명상은 대체로 발바닥이 지면에 닿을 때의 감각 알아차리기를 기준으로 한다. 그러므로 걸을 때 마음속으로 명칭을 붙이면 도움이 된다. 의식과 발바닥의 감각이 일치되기 때문이다.

④ **'닿음' 명칭 붙이기** | 발뒤꿈치가 바닥에 닿을 때마다 '닿음, 닿음, 닿음'이라고 명칭을 붙인다. 이때 마음으로 뒤꿈치 감각을 알아차리면서 명칭을 붙이는 게 중요하다. '닿음'이라는 명칭을 붙일 때는 다소 빨리 걸어야 생각이 끼어들 여지가 줄어든다.

⑤ **걸을 때 유의 사항** | 명칭을 붙이며 걷는 동안 두 가지 유의 사항이 있다. 먼저, 걷는 중에 잡념이 끼어들면 그 자리에서 즉시 멈춘 다음 다시 발바닥의 감각을 알아차린 후 걷기 시작한다. 두 번째는 전방 5미터 지점에 시선을 내리고 걷는다. 5미터 정도 앞에 시선을 내리는 이유는 '이것저것 보고 싶은 마음으로 인한' 산만함을 방지하기 위함이다.

⑥ **명칭과 속도 조절** | '닿음, 닿음'이라는 명칭 붙이기가 몸에 익으면, 그다음에는 '듦-닿음'으로 걸음의 속도를 늦추면서 알아차림의 대상을 세분화한다. '듦-닿음'이 몸과 마음에 익으면, 그다음에는 '듦-나아감-닿음'으로 나누어서 알아차린다. 이러한 알아차림이 익숙해지면 그다음 단계인 '몸의 의도 관찰'을 할 수 있게 된다. 이때의 명칭은 '들려고 함-듦-나아감-내리려고 함-내림-닿음'과 같이 세분화한다.

⑦ **반대편 벽에 갔을 때** | 반대편 벽에 가닿을 즈음에는 마음속으로 '멈춤, 멈춤, 멈춤'이라고 명칭을 붙인 후, 천천히 몸을 돌리면서 '돎, 돎, 돎'이라고 명칭을 붙인다.

⑧ **몸을 돌려세운 이후** | ①번부터 다시 시작한다.

걷기 명상은 산만하고 역동적인 조건에서도 알아차림과 깨어 있음을 유지하기 위한 명상법이다. 그런데 걷기 명상을 연습하는 순간순간 잡념이 일어날 수 있다. 걷기 명상 연습을 할 때 어떤 생각이 떠오르면 '생각, 생각, 생각'이라고 명칭을 붙이며 그 자리에서 멈춘다_{이 점은 단호히 하는 게 좋다}. 그 생각을 알아차림으로써 생각이 사라지면 다시 발바닥의 감각에 의식을 집중한다. 그런 후 걷기 시작한다.

효과 : 일상에서 걷기 명상은 먼 길을 빠르게 갈 수 있는 방법이다. 가야 할 길이 멀게 느껴지는 이유는 마음이 먼저 그곳에 가 있기 때문이다. 그런데 걷기 명상은 '지금 이 순간'의 걸음에만 마음이 와 있는 상태를 지향한다. 일상에서는 '왼발, 오른발' 한 걸음 한 걸음이 곧 목적지다. 걷기 명상을 하는 마음가짐은 '다음 걸음'과 '걸어온 걸음'을 모두 마음에서 비운 상태다. 걷기 명상은 일상에서 '알아차림의 근육'을 강화하는 데 최적이라고 할 수 있다.

2) 요리 명상

안내 : 요리를 하는 마음은 그 요리에 스며들게 마련이다. 『물은 답을 알고 있다』의 저자 에모토 마사루는 관찰자의 마음이 대상을

어떻게 변화시키는지 잘 보여준다. 뚜껑을 따지 않은 막걸리 두 병으로 유사한 실험을 해본 적이 있다. 두 병 모두 양손에 들고 심하게 흔들었다. 막걸리 병을 식탁에 내린 후 한 병은 손으로 감싸고 '사랑합니다'를 3회 정도 말하고, 다른 병은 그대로 두었다. 그리고 지인과 내가 각각 막걸리 병을 땄다. '사랑합니다'라고 한 막걸리 병은 거품이 올라올 기미도 없이 안정된 상태를 유지했다. 그러나 다른 막걸리 병은 뚜껑이 살짝 비틀기 시작한 순간부터 부글거리는 거품이 올라오기 시작했다.

음식을 만드는 사람의 마음이 어떤 영향을 미치는지 우리는 어렵지 않게 확인해볼 수 있다. 당신이 요리 재료 앞에 서서 자기의 마음을 살피고 감사와 긍정적인 에너지를 갖게 될 때 어떤 결과가 나올지는 더 설명하지 않아도 잘 알 수 있을 것이다.

....

① 재료 앞에서 잠시 눈을 감고 이 요리에 대한 자신의 마음을 살핀다. 지금 어떤 생각, 기억, 감정이 있는지 알아차린다. 부정적인 마음, 피곤하다는 생각이 있으면 있는 그대로 인정하고 다시 새로운 마음을 낸다. 음식을 만드는 데 자신이 없으면 그 마음도 인정해준다. 왜 자신이 없는지, 가볍게 자문하는 것도 방법이다. 칭찬받고 싶은 마음, 손님에게 실망을 주고 싶지 않은 마

음 등이 있으면 그대로 인정해준다.

② 음식 재료를 손으로 잡거나 물을 틀 때 마음속으로 '잡음, 잡음' 등의 명칭 붙이기를 하거나 '고맙습니다, 고맙습니다'를 되뇌이면서 알아차림을 유지한다. 음식을 만드는 세부적인 과정에 대한 명칭 붙이기나 감사의 마음을 낸다.

③ 자연에서 올라온 갖은 식물, 동물, 열매 등을 살핀다. 감사와 경외감이 올라오면 그대로 인정한다. 그들을 성장하게 한 하늘과 땅, 공기 등에 대해서도 감사드리는 마음을 낸다. 이 음식을 먹을 사람들과 표정을 떠올리면서 그들의 몸과 마음이 건강하고 밝아지기를 기원하는 마음을 보낸다.

④ 육식을 차릴 때는 재료로 쓰이는 고기나 물고기에게 맺힌 마음을 풀고 축생의 삶에서 벗어나기를 기원한다. 이 재료로 만든 음식을 먹는 사람 또한 마음속에 응어리져 있는 고통에서 벗어나 모든 생명과 자연에 대한 감사의 마음을 갖게 되기를 기원한다.

⑤ 손끝에 사랑과 정성을 담아 음식을 만든다. 가장 자연스러운 방법은 음식을 만드는 동안 몸의 동작과 감각을 알아차리면서 '고맙습니다'를 읊조리는 것이다. 이 음식을 먹은 사람들이 건강하고 평화로워진 모습을 그리면서 접시 등에 음식을 담는다.

⑥ 음식을 손님에게 옮기는 동안 자기 몸의 움직임에 대한 알아차

림을 유지한다. 걸을 때는 걷고 있음을 알아차리고 식탁에 접시
를 놓을 때는 마음속으로 '내림, 내림' 하면서 놓는다. 이 음식
을 먹는 손님의 마음이 평화롭기를 바란다.

....

효과 : 재료와 음식을 먹을 사람이 사실상 가시화되어 있는 요리
명상은 긍정적인 조건과 마음을 내기 좋은 환경이다. 맛과 냄새, 시
각적 요소가 종합적이면서 적극적으로 펼쳐지는 조건이라는 점, 대
자연의 산물을 자신이 직접 다루고 있다는 점에서 실질적인 명상을
하는 데 큰 도움을 준다. 대자연과 요리 작업, 손님이라는 연기적
순환을 떠올리면서 긍정적인 마음을 내기에 좋은 상황이다.

3) 설거지 명상

안내 : 설거지 개수대 앞에서 양발을 가볍게 벌려 안정된 자세
를 취한다. 음식 찌꺼기들이 묻어 있거나 냄새를 풍기는 그릇들을
바라보면서 어떤 생각이나 기억, 감정이 올라오는지 알아차린다.
이때 일어나는 생각과 기억, 감정들을 충분히 인정해준다. 싫은 마
음이 올라오면 '싫어, 싫어'를 마음으로 읊조려도 좋다. '빨리 해치
워야지!' 하는 생각이 있으면 바로 그러함을 알아차린다. 이렇게
자기 마음을 인정해주는 동안 나의 감정이나 생각이 변하기도 하

고, '그래도 해야지' 하는 의욕이 일어나기도 한다. 인간관계도, 생각이나 감정도, 인정하면 바뀐다.

....

① 그릇들을 물에 적시면서 몸에 와닿는 물의 감촉과 그릇의 감촉을 알아차린다. 어떤 감촉이 있는지, 그 감촉에 대해 어떤 생각이나 감정이 올라오는지, 별다르게 일어나는 마음이 없는지, 가만히 살핀다.

② 행주에 세척제를 묻혀 그릇을 문지르는 감각과 세척제 내음, 물소리 등에 반응하는 나를 알아차린다. 설거지를 하고 있는 나의 생각, 기억, 감정이 어떠한지 살피고 인정한다. 이때 싫은 마음, 부정적인 마음, 급한 마음이 있으면 그 마음을 인정하고, 이것도 저것도 아닌 마음이 있으면 '이것도 저것도 아닌 마음'을 인정해준다.

③ 설거지를 하는 양쪽 어깨, 허리, 목 부위 등의 감각을 알아차린다. 가장 강하게 일어나는 부위를 주시하면서 지금 어떤 생각과 기억, 감정이 있는지 질문해본다. 이 밖에도 설거지를 하는 동안 몸의 감각이 현저하게 일어나는 부위가 있으면 그 감각을 인정하고 공감해준다.

④ 그릇을 물로 씻어낼 때, 남은 생각과 기억, 감정이 있으면 그 마음들이 물에 씻겨 내려가는 모습을 상상한다.

⑤ 그릇들을 마른행주로 닦아내면서 몸에 와닿는 감촉을 알아차린다. 이때 어떤 생각과 기억, 감정이 있는지 알아차린다. 긍정적 감정이든 부정적 감정이든 상관없이 모두 인정하고 수용하려는 마음을 낸다. 그릇을 닦아내거나 말리는 동안 내면의 생각이나 기억, 감정도 닦아내는 나 자신을 알아차린다.

....

효과 : 설거지는 먹고 난 음식이나 잔반 등을 뒤치다꺼리한다는 마음, 지저분한 음식 찌꺼기나 처리하는 입장이라는 생각, 식사 후 일행과의 환담에서 제외된다는 생각이 일어날 수 있는 환경이다. 사회적 관계나 직장 생활 중에 받은 상처나 부정적인 기억이 설거지 명상과 같은 상황에서 투사될 수 있다. 설거지 명상은 바로 그런 부정적인 생각과 기억, 감정을 알아차리고 극복할 수 있는 좋은 재료다.

4) 독서 명상

안내 : 책을 읽어온 사람은 책 읽는 마음의 태도나 자세가 각인되어 있다. 책을 손에 들었을 때 어떤 마음이 있는가? 대다수의 독자는 내용을 궁금해하면서 곧바로 책장을 펼친다. 이것은 배고픈 사람이 수저를 들어 허겁지겁 밥을 먹는 태도와 같다. 음식을 먹기

전에 '이 음식이 여기에 오기까지 수고한 자연과 모든 생명들'에게 감사의 마음을 보내는 것과 그렇지 않은 것은 차이가 있다. 책도 마찬가지다. 독서를 하기 전 '이 책이 나에게 오기까지의 과정'을 잠깐 눈을 감고 살펴보는 시간을 가져본다.

....

① 읽고자 하는 책을 두 손바닥에 올려놓고 한두 번 심호흡을 한다. 이 순간 이 책에 대한 나의 생각이나 기대, 저항이 있는지 알아차린다. 책의 무게와 냄새, 감촉 따위를 가만히 알아차리고 인정한다. 책의 겉표지를 보면서 내용에 대한 추측이나 생각이 어떠한지 알아차린다.

② 책의 목차를 천천히 읽어간다. 목차를 읽으면서 어떤 내용이 쓰여 있을지 떠올려본다. 이 과정을 통해서 자신이 예상하는 책의 내용을 미리 살펴봄과 동시에 책 내용에 대한 호기심과 관심을 높일 수 있다. 목차를 읽어가는 것은 아직 알지 못하는 책 속의 내용과 가벼운 목례를 나누는 듯한 기분을 준다. 목차를 읽으면서 어떤 기억이나 감정, 생각, 기대 등이 오가는지 알아차린다.

③ 책장을 넘기는 동안, 책의 내용을 따라가면서 일어나는 기억이나 생각, 감정을 살핀다. 일반적으로 책의 내용에 따라 몰입적 책 읽기를 하지만 가끔은 몰입적 책 읽기에 빠진 자신을 빠져

나와 살피는 시간을 갖도록 한다. 자연스럽게 책을 읽어가다가 가끔 멈추는 시간을 갖게 된다.

④ 책을 읽어가면서 어떤 마음이 일어나는지 살핀다. 내용에 흥미를 느끼는지, 점차 심드렁해지는지, 자신이 기대했던 내용인지, 원하는 수준인지, 내용을 쉽게 이해하고 있는지 등에 대해 스스로 알아차린다. 가끔 이해되지 않는 문장이나 단어가 있을 때 어떤 마음이 일어나는지 살펴본다.

⑤ 몇 개의 챕터를 읽었을 때 자신이 지금 어떤 주제를 따라가고 있는지 살핀다. 지금 읽고 있는 책의 중심 언어가 무엇인지, 읽고 있는 마음이 호기심에 차 있는지, 부정적 감정이 올라오는지, 즐거운 기분인지…… 자신의 생각과 감정을 있는 그대로 알아차린다.

⑥ 책을 읽는 동안 흥미가 더 생기는지 아니면 떨어지고 있는지 스스로에게 묻는다. 그런 내면의 상황이 벌어지는 이유가 무엇인지도 살핀다. 책장을 넘기는 소리, 책장을 만지는 손끝의 감각, 책의 내음, 자기 몸의 상태 등도 살핀다. 이와 같은 시간을 갖는 것은 짧은 휴식을 선물하는 것과 같다.

⑦ 책을 덮고자 하는 마음이 올라오면 그 마음을 일단 수용한다. 그런 후 무슨 생각이나 감정이 있는지 살핀다. 의도에 따른 몸의 움직임이나 생각을 알아차리면서 책장을 덮는다. 책장을 덮

은 후 몇 초 정도 지금까지 읽은 책의 내용을 간단히 요약해본다. 이때 올라오는 생각이나 기억을 있는 그대로 알아차린다.

....

효과 : 책을 읽으면서 일어나는 생각과 기억, 감정을 자주 알아차림으로써 당신은 책과 교감을 할 수 있다. 책장을 넘기는 느낌, 몰랐던 내용이나 잊혀진 기억을 되살리는 기분, 다음 내용에 대한 기대감 등 자신에 대한 '짧은 명상'은 책과의 깊은 교감을 경험하게 한다. 이와 같은 독서는 책을 통한 자신에 대한 이해나 통찰이라고 할 수 있다.

———

삶은 끊임없이 변한다. 이런 변화는 때로 두렵고 낯설게 느껴진다. 하지만
명상을 당신의 몸과 마음에 체화하면 변화는 신나는 여행이 된다. 명상은
우리의 마음을 유연하게 만들어 능동성과 적응성을 높이기 때문이다. 명상을
꾸준히 하면 자신감이 생기고 창의성도 높아진다. 잠도 잘 자게 되고 인간
관계도 좋아진다. 세계적 유명인들의 명상 붐은 명상이 물질적 풍요와 도덕적
품성, 삶의 지혜와 매우 밀접하게 연결되어 있다는 선명한 예다. 명상을 통해
변화가 주는 즐거움을 만끽하는 동안, 당신의 풍요는 덩달아 따라오는 덤이다.

제7장

명상은
변화를 즐기는 일이다

"좋은 삶이란 자아와 생각, 감정을 동일시하지 않고
목격하는 자의 상태로 머무는 과정이다.
막히면 돌아가고, 뚫리면 나아가고, 개활지를 만나면
널리 퍼지는 탄력성과 유연성을 갖추는 일이다."

#1
명상은
자신감과 자존감을 높여준다

명상이 자신감과 자존감을 높여준다는 말은 어린 시절 무조건적인 사랑으로 당신을 바라보던 할머니나 할아버지의 눈빛을 떠올리면 금세 이해된다. 명상은 그분들의 마음으로 자신을 수용하고 공감하는 일이기 때문이다.

만약 '무슨 짓을 해도 내 편에 서줄 사람'에게 둘러싸여 있다면 당신은 지금 무엇을 하며 살고 있을까? 그 '무엇을 하며 살고 있을지'와 '지금 무엇을 하고 사는지'의 거리가 어쩌면 당신의 무의식적 행복 지수다.

편견과 편애에 눈을 가린 할머니의 맹목盲目으로는 사랑하는 손자의 그 거리를 구분해야 할 이유가 없다. 명상은 이처럼 자기 신뢰감이라는 안경을 쓰고 자신을 바라보는 행위다. 당신을 바라보는 할머니의 경탄과 사랑의 눈빛을 간직하고 있다면 명상을 위한

명상은 당신의 전 존재를
두 팔 벌려 안아주는 마음이다.

근육은 갖춰진 셈이다. 명상은 당신의 전 존재를 두 팔 벌려 안아 주는 마음이다.

자신감은 타인과의 관계성을 통해 형성된 자기 신뢰와 효능감을 말한다. 타인과 나 사이, 사회와 나 사이에서 벌어지는 관계에 대한 마음의 상태라고 할 수 있다.

자신감의 반대는 불안감, 열등감, 자기 의심이다. 불안감이나 열등감은 지나간 일에 대한 반복적인 회한이나 아직 오지 않은 미래에 대한 생각이나 판단에 치우쳐 있을 때 나타나는 부정적 심리 상태다.

자존감은 자신을 대하는 마음의 태도와 관계가 깊다. 자기 스스로 지지와 박수를 보내고 있다면 자존감은 상승 중이다. 이 따뜻한 역동 안에는 어린 시절에 받은 할머니의 맹목적 지지도 흐르고 있을 것이다. 그런 응원과 지지의 기억이 자존감의 온도를 올린다.

자존감이 높은 사람의 내면은 자신에 대한 믿음과 신뢰가 시냇물처럼 흐르는 풍경을 늘 그리고 있지 않을까? 높은 자존감은 겸손과 겸양, 따뜻한 눈빛, 감사의 표현 등 선한 에너지의 통로로 드러난다. 그에게 타인의 성원과 칭찬은 햇빛에 잘 익은 나락처럼 고개를 더 낮추는 요인이 된다.

반면에 낮은 자존감은 타인에 대한 오만함, 우월 의식, 비꼼, 폄

훼, 무시하는 표정이나 언행 따위로 나타난다. 우리는 자신을 대하는 방식대로 타인을 대하기 때문이다.

　자신감과 자존감은 어디에서 비롯될까? 첫 번째는 우리에게 젖과 꿀과 온기를 나눠준 부모와 혈족을 빼놓을 수 없다. 신생아 시절에 당신은 자기 힘으로 제 손바닥조차 펴지 못했다. 자신의 존재조차 스스로 알지 못했다. 부정할 수 없는 사실은 부모도 왕초보였다는 것이다. 신생아의 자신감이나 자존감을 챙겨주기에 부모는 너무 바쁘고, 어리고, 피곤하고, 서투르고, 할 일이 산더미 같고, 미래에 대한 불안에 허둥지둥 살고 있었다. 헤아려보면 자신감이나 자존감에 관한 첫 번째 요인은 좋든 싫든 어린애였던 우리 책임이라고 하기는 어렵다.

　두 번째는 자기 몫이다. 자신감과 자존감의 출발 시점을 눈여겨보면 자기 몫이라는 표현이 무슨 의미인지 또렷해진다. 그것은 부모에게 "날 좀 내버려둬!" 하고 소리 지르며 방문을 걸어 잠그는 순간부터 시작한다. 이른바 사춘기, 삶의 '시즌 2' 상황이다. 우리는 대체로 10대 초중반에 장막이 열리는 사춘기를 다소 별스럽게 보낸다. 간혹 지나치게 별스럽게 보내다가 사회라는 그릇이 담아내기 어려운 처지에 처하기도 한다. 그것이 어느 정도였든 사춘기라는 자의식의 출현은 또래 집단 속의 고군분투다.

전쟁에는 대상이 있다. 하지만 우리는 그동안 자신을 상대로 싸워본 기억이 없다. 놀랍게도 사춘기 시절에는 나 자신을 상대로 싸우는 사태를 겪는다. 그 무렵에 타인과의 다툼이 많아지는 이유도 그 때문이다. 그때 출현하는 정체불명의 나를 심리학에서는 자의식이라고도 한다. 자의식은 그동안 어디에 잠복해 있었을까? 자의식의 특징은 때와 장소를 가리지 않고 우리의 육신과 정신의 에너지를 뒤흔든다는 점이다. 언제 어디에서 폭발할지 모르는 지뢰 같아서 자기 몸에서도 꽈광, 마음에서도 꽈광, 하는 심리적 테러리스트다.

우리가 기억하는 그 시절은 괴이쩍다. 만화를 보면 그 속에서 소리가 나거나 향기가 올라오기도 하고, 친구의 미소가 살기에 찬 눈빛이 되기도 한다. 잠자다가 귀신을 만나고 가위눌림도 자주 겪는다. 남녀의 차이, 남녀 간의 시점 차이는 있지만, 이 또한 서로서로 비밀이니 알 길이 없다. 고통이나 기쁨의 감정적 정량은 객관적인 수치로 나타낼 수 있는 것도 아니다. 학교는 물론 속수무책이다. 어떤 조사에서도 사춘기라는 삶의 시즌 2에 대한 무게와 함량이 표준화되어 있지 않다. 하지만 우리의 내면에서 튀어나온 자의식이 하는 역할은 분명하고 거칠다. 분출하는 시즌 2의 에너지가 자신을 바라보는 마음의 눈을 만든다. 지나고 보면 알게 된다. 아, 그때 내가 나를 바라보는 눈이 생겼구나!

자신감과 자존감은 그런 자신을 보고, 듣고, 냄새 맡고, 맛보고, 감촉하고, 생각하는 마음의 건강한 운동성이다. 명상은 나의 몸 감각 기관으로 접촉하는 모든 감각, 생각, 기억, 감정 등에 대해 활짝 열린 상태를 지향한다.

#2
명상은
직관력과 창의성을 높여준다

시간과 정신적 여유가 있어야 명상을 할 수 있다고 생각하는 사람이 많다. 명상이 직관과 창의력에 도움이 된다는 말을 들을 때는 귀가 솔깃하지만 직장 생활을 하면서 '정기적인 명상 시간'을 확보할 엄두는 나지 않는다. 아침에 출근하고 저녁에 퇴근하면 가족들 얼굴 한번 보기도 어려운데, 일하면서 어떻게 명상이란 걸 한다는 말인가! 가족의 생존을 책임지는 것만으로도 내 할 일은 충분하다고 생각한다.

최근 한국건강증진개발원의 조사에 의하면 사람들이 일상 명상을 망설이는 이유는 다섯 가지 정도로 요약된다.

첫째, 명상은 기본적으로 눈을 감고 앉아 있어야 하는 건데, 그렇게 할 시간이나 마음의 여유가 없다.

둘째, 명상이 나의 삶에 어떤 도움을 주는지 알 수 없다.

셋째, 명상하는 방법이 어렵고 까다로운 것 같다.

넷째, 주변 사람이나 시선이 명상을 부정적으로 보는 것 같다.

다섯째, 명상에 입문하는 데 필요한 정보가 없다. 어떤 명상이 나에게 맞는지, 어떻게 시작하는 게 좋은지 잘 모르겠다.

명상을 하면 몸과 마음, 여러 면에서 도움이 된다는 이야기는 많이 들어서 '나도 한번 해볼까' 하는 정도의 관심은 뇌리를 떠나지 않는다. 그렇지만 그런 호기심조차 틀어막는 내면의 고자질이 수다스럽다. 다른 사람은 몰라도 나는 눈을 감고 앉으면 그대로 잠에 빠져들 것 같은 기분이 든다. 늘 몸과 마음의 피로감 때문에 맑은 정신으로 살아가는 날이 없는데 언감생심 명상까지? 은퇴 후에 여유 있을 때나 생각해보자고 자신을 달랜다.

하지만 정반대 생각도 불끈거린다. 직장 생활을 잘하고 싶고 승진하고 싶기 때문이다. 그러려면 남보다 더 뛰어난 직관력으로 창의적인 아이디어를 내야 한다. 때로는 나는 왜 저런 아이디어를 내지 못할까, 하고 자괴감을 씹을 때도 한두 번이 아니다. 그러다 보니 또다시 명상에 마음이 간다.

'명상을 하면 직관력과 창의성이 좋아진다는데 한번 해볼까?'

좋은 생각이다. 이 생각 하나로 당신은 다음에 열거하는 사람들과 같은 반열에 오를지도 모른다. 세계적으로 널리 알려진 이 사람들의 공통점은 무엇일까?

존 레논비틀스 멤버, 데이비드 린치영화감독, 미켈란젤로, 스티브 잡스애플의 창업자, 오프라 윈프리미국의 대표적인 방송인, 리처드 브랜슨버진 그룹의 창업주, 아리아나 허핑턴허핑턴포스트 창업자, 마크 앤드리슨넷스케이프 공동 창업자, 니콜라 테슬라천재 발명가, 알프레드 G. 길먼1994년 노벨 생리학상, 조셉 머피성공 철학자, 데일 카네기인간 관계론의 대가, 마이클 조던일명 농구 황제, 타이거 우즈일명 골프 황제, 넬슨 만델라남아프리카 공화국 흑인 해방 운동가이자 전 대통령, 마틴 루터 킹 주니어흑인 인권 운동 지도자, 매튜 맥커너히할리우드 유명 배우.

명성만큼이나 명상하는 사람으로도 유명한 사람들이다. 이들이 복잡다기한 일상에서 굳이 명상을 습관화한 이유는 무엇일까? 그만큼 집중하면서 시간을 효율적으로 써야 하고, 직관적이고 창의적인 결정을 내려야 하기 때문이 아니었을까? 분명한 것은 시간이 남아서 '멈춰 있는 시공간'을 즐기는 것은 아니라는 점이다. 그 반대 상황을 예상하는 건 어렵지 않다. 그들은 눈코 뜰 새 없이 바쁘기 때문에 짧은 시간에 직관적으로 결정하고, 효율적으로 움직이며, 다른 사람들이 미처 생각하지 못한 관점과 창의성을 발휘해야 한다. 그런데도 '명상하는 시간'은 포기하지 않는 것으로 알려져 있다.

#3
명상은
불면증을 해결해준다

———

'오늘도 잠을 못 자면 어쩌나······.'

불면증에 시달리는 사람은 저녁 무렵이 되면 무의식중에 이런 걱정을 한다. 나는 이것을 '예비 불면증'이라고 한다. 예비 불면증에 붙들리면 사소한 현상에서도 불면증을 걱정하는 '근접 불면증' 단계로 발전한다. 물 한 잔을 마시면서도 '혹시 방광 때문에 잠 못 드는 건 아니겠지? 화장실에 다녀와서 잠 못 들면 어떡하지?' 하는 걱정이 따라붙는다. 본격적인 불면증은 잠자리에 누웠을 때 시작한다. 몸의 이완감과 피로감이 충분히 숙성된 듯해서 조심스레 누웠는데 정신은 더 초롱초롱해진다. 실망과 좌절감을 동반하는 '몰입 불면증' 단계다.

건강보험심사평가원의 발표에 의하면 2022년 기준으로 불면증 환자가 5년 전에 비해 10명 중 2.8명 정도 더 늘었다고 한다.

특히 코로나19 이후 20~30대 불면증 환자가 급증했는데, 그중에서도 여성이 남성에 비해 2배 정도 더 늘어난 것으로 보고한다.

정신과 전문의 이후경 박사는 우리나라 성인의 20~30퍼센트가 불면증을 경험하고, 그중 5퍼센트 정도는 만성 불면증에 시달리고 있다고 한다. 하지만 실제로는 그 이상일 가능성이 높다. 텔레비전은 물론이고 거의 모든 성인이 스마트폰을 사용하면서 수면 환경은 더 훼손됐다.

성욕, 식욕과 함께 인간의 3대 욕구 중 하나인 수면욕은 육체적, 정신적 관련성이 가장 극적이다. 성욕이나 식욕은 처해진 환경 안에서 작동하지만 수면욕은 임계점을 넘는 순간 죽음을 욕망할 만큼 절박해진다. 불법적인 비인도적 수사 방법 중에서 잠을 재우지 않는 고문이 성행했던 이유도 이 때문이다.

생명의 근본 고통인 불면증의 원인은 다양하다. 예기치 않은 육체 활동으로 몸은 피로에 찌들어 있는데 의식은 각성 상태가 되는 현상은 몸의 근육이 정상화되면 해소되는데, 문제는 심리적 긴장으로 인한 스트레스다.

피로한 몸과 달리 미래에 대한 불안과 걱정이 이어지면, 걱정은 다시 분노와 좌절감, 두려움, 근심, 우울감 따위로 번진다. 스트레스 상황은 흥분 호르몬인 코르티솔을 생성하면서 피로감에 찌든 몸을 배반하게 된다. 생각에 생각을 이어달리면서 가끔은 가학적인 쾌감을 경험하기도 한다.

영성가인 마이클 싱어는 "몸은 통증을 통해 자신의 존재를 표현하고, 마음은 두려움을 통해 자신을 드러낸다"고 한다. '자고 싶다', '만사 잊고 싶다'는 욕구가 강력할수록 '그럴 수 없는 조건'에 대한 두려움의 그림자도 크고 짙어진다.

불면증을 해소하는 방법으로 가장 흔한 처방은 수면제나 수면유도제를 복용하는 것이다. 하지만 전문가들은 약물 복용은 오히려 증세를 강화한다고 지적한다. 건강한 해결책이 아니다. 중요한 것은 '불면증을 대하는 태도'다.

『성공하는 사람들의 7가지 습관』을 쓴 스티븐 코비는, 인생은 일어난 현상이 10이고, 현상에 대한 해석이 90이라고 한다. '잠'이라는 현상의 비중이 10이라면 해석이 90인 셈이다. 스티븐 코비의 조언에 주목한다면, 불면증 해결의 첫 지점은 당신이 10을 선택할 것인가, 90을 선택할 것인가의 문제다. 만약 10이라면 '잠이 안 온다. 이유는 모르겠다'를 선택한 셈이다.

명상을 통해 불면을 극복할 수 있는 '명상적 해결책'은 잠자리에서 상체만 일으키는 것이다. 불을 끄고 정숙한 공간 조건을 만든 다음, 척추를 편 상태로 편안하게 눈을 감는다. 당신은 몸을 눕힌 채 눈을 감고 있는 것과 앉아서 눈을 감고 있는 **상황**의 차이를 경험하게 될 것이다. 비록 침대에 앉아 있어도 정좌 중이라는 사실은 그 자체로 '잠'에 연연하지 않겠음을 선언한 몸가짐이다.

불면증은 잠이 오지 않는 일의 지속일 뿐이다. 이런 환경에 기억이나 욕구, 온갖 감정이 개입한 사건이다. 가볍게 여길 일이 아니다. 하지만 감당이 안 된다고 해서 불면증이 내 삶을 갉아먹게 놔둘 수도 없다. '바디스캔과 이완'은 마음의 눈으로 몸과 마음의 긴장을 풀어내는 방법이 잘 그려져 있다. 직면하는 자세를 취한 후 바디스캔과 같은 명상 방법을 취해보도록 한다.

#4
명상은
관계 탄력성을 높인다

———

명상하는 마음은 산에서 흘러내리는 물과 같은 마음을 말한다. 막힘없고, 거침없고, 기다릴 줄 알고, 멈출 줄 아는 일이다. 세상사가 전쟁터 같다고 생각하는 사람은 동의하지 않을 것이다.

'사람이 어떻게 멈춰야 할 때 멈추고, 나아가야 할 때 나아가고, 돌아가야 할 때 돌아갈 수 있는가? 어떻게 그런 일이 가능한가?'

물론 예삿일은 아니다. 하지만 명상은 뭔가 막혀 있어서 답답해하는 당신을 트인 삶으로 이끌어준다.

자본주의 사회에서 타인과 섞여 사는 것은 필연이다. 만약 무인도에서 낚시로 연명하는 상황이라면 이 논의와 다른 처지이긴 하다. 하지만 대부분의 현대인은 사람과 사람의 관계를 통해서 자신과 가족의 먹거리를 만든다.

아침에 일어나 출근하는 일, 회사에서 업무에 집중하는 일, 그

업무 속에서 문제점을 발견하고 문제나 지향을 주제로 회의하는 일……. 이 모든 일에 소통이 필요하다.

소통은 관계의 물꼬와 같다. 산속 계곡에서 물이 샘솟고 그 물이 물꼬를 따라 흐르면서 바위도 만나고 쓰레기도 만나고 쓰러진 나무 둥치에 막혀서 맴돌기도 한다. 당신과 타인의 관계도 이와 같다.

우리에게 타인과 뒤섞여 사는 일은 머릿속에서 벌어지는 환상이 아니다. 피부만 떨어져 있을 뿐 늘 호흡이 뒤섞이는 시공간 속의 실제 상황이다. 눈에 보이지는 않지만 타인이 내뿜은 일산화탄소를 마시고 자신이 내뱉은 분노의 감정을 다시 흡입하면서 어지럼증을 느끼곤 한다. 물론 누군가의 따뜻한 마음을 느끼기도 한다. 하지만 꿈에서 떡 얻어먹기다. 생활의 기억은 늘 고단한 뼛조각만 남기기로 작정한 듯 즐거웠던 기억은 생선 살 발라내듯 발라낸다.

"이런 건 기본입니다. 이제 겨우 한 걸음 떼어놓고 대단한 성과라도 올린 것처럼 으스대면 곤란합니다."

팀원들이 애써 이루어놓은 성과를 앞에 두고 부장은 냉소 섞인 표정을 짓는다. 팀장은 그동안 고생한 팀원들 앞에서 부장이 던지는 저 말은 다분히 의도적이라는 생각이 든다. 팀원의 노력과 능력을 최대한 끌어올려 그 공로를 혼자 독차지하면서 저 자리까지 올

명상은 뭔가 막혀 있어서
답답해하는 당신을
트인 삶으로 이끌어준다.

랐다는 세평이 떠오른다. 팀원들의 마음이 셀로판지처럼 구겨지는 소리를 듣는 듯하다. 그러면서 불쑥 한 생각이 올라온다.

'내가 이 회사에서 언제까지 이따위 말이나 듣고 살아야 하지?'

명상은 이런 일의 해결책을 찾아 나서는 일이다. 명상은 우선 '당신의, 당신에 의한, 당신만을 위한 공간 만들기' 작업이다. 여기에서 말하는 공간은 어두침침한 골방으로 혼자 숨어들어가는 자폐성 아지트가 아니다. 궁지에 몰리면 모래에 머리부터 처박는 타조처럼 숨으려 드는 사람이 있다. 우리의 삶은 이 선택 앞에서 갈림길을 만난다. 단세포에서 시작한 수백만 년 세월의 유전자 속 포유류과의 습성으로 회귀할 것인가, 아니면 '인간종'의 차원으로 상승할 것인가.

25만 년 전, 지구를 정복한 호모 사피엔스 종의 가장 큰 특징은 '스스로 마음의 공간'을 만드는 것이었다. '자신의 생각을 스스로 알 수 있는 종'이 탄생한 것이다. 그전까지 인간은 '본능에 끌려다니는 포유류'에 불과했다. 자신이 보유한 마음의 능력을 알지 못했다. 이것은 어쩌면 당신의 이야기일지도 모른다. 당신은 지금 여기에서 비로소 '마음의 공간 만들기 기술'을 전수받고 있으니까 말이다.

명상은 '동물계 포유강 영장목 사람과'라는 지구촌 생명에게 새로운 의식을 주입하는 마음 작업이다. 지금까지 그 어떤 보고도 사람이 아닌 생명이 자신의 행위와 마음의 움직임을 스스로 알아차려서 '자신의 그러함'을 '현장 재학습'하는 경우는 발견되지 않는다.

당신이 혹시 아름답고 영리한 반려 강아지와 살고 있다면 당장 확인해볼 수 있다. 그 강아지가 남몰래 혼자서 눈물을 주르륵 흘린 적이 있는가? 녀석이 심각한 표정으로 침대 모서리에 머리를 처박고, '나는 왜 스스로 밥을 만들지 못하고 맨날 변덕쟁이 주인이 주는 사료나 받아먹고 살아야 할까? 나는 정말 어떻게 살아야 할까?' 하고 깊이 사유하는 모습을 본 적이 있는가?

만약 당신의 강아지가 스스로 보고, 듣고, 만지고, 맛보고, 생각하는 행위를 '현장 재학습'하는 능력을 갖추게 된다면, 장담하건대 녀석은 인류 최초로 '명상하는 강아지'다. 명상을 하려면 먼저 침대 다리 밑 같은 정숙한 공간을 주도적으로 마련해야 하고, 다음으로 자신의 기억과 감정이라는 정신 활동을 되돌아보고자 하는 의지가 필요하다. 당신의 강아지는 그 요건을 갖춘 셈이다.

그렇다고 해서 다 좋은 일만 있는 것은 아니다. 정말로 이런 일이 발생한다면 강아지의 반려인으로서 몇 가지 각오도 필요하다. 강아지의 반항, 강아지의 변덕, 강아지의 거짓말, 강아지의 사랑, 강아지의 오해, 강아지의 질투 따위, 어쩌면 당신 이상의 변덕과 심술과 태업과 눈꼴사나운 어리광에 직면하게 될 것이다. 사랑, 반항, 오해, 변덕…… 어디선가 들었던 언어들이다.

이러한 사태가 발생하는 이유는 강아지의 의식에 생면부지의 정신적 공간이 생겼기 때문이다. 물론 강아지 당사자로서도 혼돈의 날벼락이다. 자기와 똑같이 생겼으면서 '생전 처음 보는 또 다른 자아'가 홀연히 나타나 '내가 진짜 나'라고 영역 다툼을 걸어오는 사건이기 때문이다. 하지만 당신은 다행히도 강아지가 아니다. 당신은 이미 사춘기라는 '자의식의 출현과 혼돈기, 우울기'의 풍랑을 건너온 사람이다.

초보 명상가에게 명상은 일종의 '다시 사춘기' 경험일 수도 있다. 10대 시절 사춘기 때는 몸과 마음이 자동으로 날뛰어 겨우겨우 억누르며 지내왔다면, 이제는 완연히 다른 시절과 환경에서 만나는 '나 자신'이다.

체력도 청년기 시절 같지 않고 성질머리도 한결 수굿해졌다. 지나가는 차가 경적을 울려도 '무슨 일이지?' 하고 잠시 두리번거리고 마는, 아둔하거나 헐거워진 신경망도 갖췄다. 명상은 그런 나를 따뜻하게 살펴주는 일이다.

그런데 그 마음의 공간이라는 건 언제 생길까? 염려하지 말자. 나의 몸과 마음을 자주자주 지켜봐주면 머지않아 스스로 알게 될 것이다.

'아, 내 안에 마음의 여유 공간이 생기기 시작했어!'

그렇다. 명상가는 자신을 제3자처럼 거리를 두고 바라볼 수 있는 사람이다. 캔 윌버나 존 카밧진은 이를 두고 탈동일시disidentification라고 표현한다.

좋은 삶이란 자아와 생각, 감정을 동일시하지 않고 목격하는 자의 상태로 머무는 과정이다. 막히면 돌아가고, 뚫리면 나아가고, 개활지를 만나면 널리 퍼지는 탄력성과 유연성을 갖추는 일이다.

행복하지 않을 이유가 없다

자신에게서 한 걸음 물러나 자기 자신을 지켜볼 마음이 있는가? 한발 물러나서 보는 것, 내가 갇혀 있는 매트릭스에서 빠져나와 매트릭스를 지켜보는 것, 나에게서 빠져나와 나 자신을 보는 것, 이것이 신체적, 정신적 피로의 임계치를 알아내는 유일한 방법이다. 그리고 이것을 한마디로 정리하면 '명상'이다.

명상은 '나라고 하는 존재'를 관찰하는 일이다. 명상은 나의 상태를 관찰하고 아는 일이다. 내가 지금 쓰러질 것 같은 번아웃 상태라면 그런 상태임을 아는 것이 명상이다. 내가 지금 불안감에 휩싸여 있다면, 그런 상태임을 알아차리고 인정하는 것이 명상이다.

21세기 현재 한국은 OECD 국가 중에서 번아웃 유병률이 가장 높은 나라로 알려져 있다. 입시 경쟁, 취업 전쟁, 성과 압박 등이 그 원인으로 지목된다. 특히 의료, 교육, 사회복지, IT업계 종사자 순으로 번아웃 유병률이 높은 것으로 나타난다. 세대별로는 MZ 세대가 취업난, 불안전한 고용 환경, 미래에 대한 불확실성, 높은 주거 비용, 사회적 불평등에 노출되면서 우울증, 불안증과 함께 번아웃 상태에 노출되어 있다.

하지만 걱정하지 말자. 번아웃 상태인 사람에게 좋은 소식이 있다. 스스로 번아웃이라고 하는 사람은 번아웃이 아닐 확률이 높다. 자신의 상태를 알고 있기 때문이다. '아, 어지러워. 어떻게 하지?' 하는 사람은 갑자기 쓰러지지 않는다. 뭔가를 지탱하거나 주변 사람에게 도움을 요청한다. 자기 몸의 상태를 알고 있기 때문이다.

문제는 그런 줄도 모르는 사람이다. 세워놓은 통나무가 무너지듯 갑자기 쓰러지는 사람은 자기 몸과 마음의 상태에 대해 알지 못한 사람이다. 어쩌면 수없이 많은 예고가 있었는데 귀담아듣지 않았을지 모른다. 흔히 1:29:300의 법칙이라고 하는 하인리히 법칙_{1건의 대}

형 사고가 발생하기 전 같은 원인으로 29번의 경미한 사고와 300번의 징후가 반드시 나타남을 뜻하는 통계 법칙처럼 큰 사고가 발생하기 전에 몸과 마음에 대한 예고가 여러 차례가 있었을 것이다. 이런 소식은 우리 주변에서 많이 들린다. 어쩌면 어제 오후까지 멀쩡하고 활기차게 이야기를 나눴던 사람이 갑자기 병원에 이송됐다는 이야기를 방금 들었을지도 모른다.

『아인슈타인의 우주적 종교와 불교』를 쓴 김성구 교수는 현대인에 대해 다음과 같이 말한다.

"매트릭스 안에 갇혀 사는 사람들이 자신의 삶의 모습을 보지 못하듯이, 세속의 삶을 살아가기 바쁜 우리는 우리 자신이 살아가는 삶의 모습을 제대로 보지 못한다. 우리가 우리 자신의 모습을 제대로 바라보기 위해서는 삶의 현장에서 한발 물러서서 우리가 살아가는 모습을 관찰할 필요가 있다."

오늘날 우리 사회에 명상이라는 단어가 가을 낙엽처럼 흩뿌려진 듯하다. 이런 현상은 미국의 할리우드나 실리콘 밸리, 더 멀게는 비틀스와 반전 운동으로 상징되는 히피 문화에서 기인했다는 설이 있다.

그런데 미국이나 유럽에서 명상이 시작됐다는 건 뭔가 이상하다. 동양의 명상이 서양을 거쳐 한국으로 오다니, 그럼 그동안에 한국에는 명상이 없었단 말인가? 아니다. 한국에도 명상이 있었다. 다만 한국에서는 불교 명상이 주를 이뤘다. 물론 명상은 중국의 도교, 유교에도 있고 기독교나 유대교에도 있지만 활용이 달랐다. 종교 명상은 종교적 규율이나 이치에 출발점이 찍혀 있다. 그러다 보니 몸 치유, 마음 치유가 더 급한 일반 대중이나 비종교인과는 거리가 멀었다.

서양에서 건너온 명상은 주로 병원 환자를 중심으로 몸과 마음의 이완과 그에 따른 치료에 중심을 둔다. 이른바 마인드풀니스라고 부르는데, 우리나라에서는 주로 알아차림, 마음챙김 등으로 번역되어 널리 쓰이고 있다.

하지만 이 책을 통해서 정리된 '명상'은 어떤 용어로 드러나든 상관이 없다. 명상에 대한 일반적인 의미를 담으면서 알아차림, 마음챙김의 기초 범위를 벗어나지 않으려고 노력했다. 그만큼 명상 입문자에게 권하는 마음이 컸기 때문이다. 소위 왕초보 명상가가 이 책을 읽고 '명상이 이런 거라면 나도 할 수 있을 것 같은데!'라고 한다면 좋겠다.

책

가와카미 젠류 저, 유은경 역, 『엘리트 명상』 불광출판사, 2017

각묵 스님 역, 『네 가지 마음 챙기는 공부』 초기불전연구원, 2003

김성구 저, 『아인슈타인의 우주적 종교와 불교』 불광출판사, 2018

김성수 저, 『글쓰기 명상』 김영사, 2022

김성수 저, 『잡념이 보배다』 생각하는 백성, 2006

김열권 저, 『보면 사라진다』 정신세계사, 2001

김재성 저, 『하루 108배, 내 몸을 살리는 10분의 기적』 아롬미디어, 2006

김주환 저, 『내면소통』 인플루엔셜, 2023

김주환 저, 『회복탄력성』 위즈덤하우스, 2011

김진묵 저, 『명상』 김영사, 2004

나냐포니카 저, 『불교 선수행의 핵심』 시공사, 1999

대니얼 골만·리처드 데이비슨 저, 김완두·김은미 역, 『명상하는 뇌』 김영사, 2022

루퍼트 스파이라 저, 김주환 역, 『알아차림에 대한 알아차림』 퍼블리온, 2023

릭 핸슨·리처드 멘디우스 저, 장현갑·장주영 역, 『붓다 브레인』 불광출판사, 2010

마셜 로젠버그 저, 캐서린 한 역, 『비폭력 대화』 한국NVC센터, 2011

마크 엡스타인 저, 윤희조·윤현주 역, 『붓다와 프로이드』 운주사, 2017

박문호 저, 『뇌, 생각의 출현』 휴머니스트, 2008

박석 저, 『명상 길라잡이』 도솔, 1997

버트런드 러셀 저, 이순희 역, 『행복의 정복』 사회평론, 2004

손혜진 저, 『행복하게 나이드는 명상의 기술』 마고북스, 2010

수키 노보그라츠·엘리자베스 노보그라츠 저, 김훈 역, 『일단 앉으면』 김영사, 2018

스티븐 배철러 저, 『명상과 각성의 길』 민족사, 2013

스티븐 스나이더·티나 라무쎈 저, 정준영 역, 『몰입이 시작이다』 불광출판사, 2015

스티븐 헤이스·스펜서 스미스 저, 문현미·민병배 역, 『마음에서 빠져나와 삶 속으로 들어가라』 학지사, 2010

아남 툽텐 저, 이창엽 역, 『알아차림의 기적』 담앤북스, 2014

아남 툽텐 저, 임희근 역, 『티베트 스님의 노 프라블럼』 2012

아신 떼자니야 저, 서현 스님 외 역, 『법은 어디에나』 쉐우민 수행센터, 2022

안도 오사무 저, 김재성 역, 『명상의 정신의학』 민족사, 2007

엘리자베스 퀴블러로스 저, 류시화 역, 『인생수업』 이레, 2006

이만교 저, 『나를 바꾸는 글쓰기 공작소』 그린비, 2009

장현갑 저, 『몸의 병을 고치려면 마음을 먼저 다스려라』 학지사, 2005

장현갑 저, 『이완 명상법』 학지사, 2005

잭 콘필드 저, 이균형 역, 『깨달음 이후 빨랫감』 한언출판사, 2007

잭 콘필드 저, 이현철 역, 『마음의 숲을 거닐다』 한언출판사, 2006

정준영 저, 「나라고 할 만한 것이 있는가」 『나, 버릴 것인가 찾을 것인가』 운주사, 2008

정준영 저, 「몸, 놓아야 하는가 잡아야 하는가」 『몸, 마음공부의 기반인가 장애인가』 운주사, 2009

정준영 저, 「사마타와 위빠사나의 의미와 쓰임에 대한 일고찰」 『불교학연구 12호』 2005

정준영 저, 「슬퍼할 것도 두려워할 것도 없다」 『죽음, 삶의 끝인가 새로운 시작인가』 운주사, 2011

제임스 페니베이커 저, 이봉희 역, 『글쓰기 치료』 학지사, 2007

조안 보리센코 저, 장현갑 역, 『마음이 지닌 치유의 힘』 학지사, 2005

조현주 저, 『기적의 108배 건강법』 사람과 책, 2008

존 사노 저, 이재석 역, 『통증혁명』 국일미디어, 2017

존 카밧진 저, 장현갑·김교헌·장주영 역, 『마음챙김 명상과 자기치유 상·하』 학지사, 2005

차드 멩 탄 저, 권오열 역, 『너의 내면을 검색하라』 알키, 2012

청견 저, 『절을 기차게 잘하는 법』 붓다의 마을, 2000

캐슬린 애덤스 저, 강은주 외 역, 『저널치료』 학지사, 2006

프랜시스코 바렐라 저, 석봉래 역, 『몸의 인지과학』 김영사, 2011

한스 게오르크 호이젤 저, 강영옥 외 역, 『뇌, 욕망의 비밀을 풀다』 비즈니스북스, 2019

한자경 저, 『명상의 철학적 기초』 이화여자대학교출판부, 2008

혜봉 오상목 저, 『깨어 있는 마음 1, 2, 3, 4』 (협)행복수업, 2018

혜봉 오상목 저, 『삶을 바꾸는 5가지 명상법』 불광출판사, 2021

호세 실바·해리 맥 나이트 저, 『마인드 컨트롤』 정신세계사, 1996

황농문 저, 『몰입』 랜덤하우스, 2007

논문

강은애(2003), 「새로운 문화 코드로 떠오른 명상과 영성」 『종교문화비평』 한국종교문화연구소

길희성·오지섭(2001), 「한국 불교의 특성과 정신 : 한국인의 역사와 삶 속의 역할을 중심으로」 『학술원 논문집·인문사회 과학편』 대한민국학술원

김경우·장현갑(2007), 「한국형 마음챙김 명상에 기반한 스트레스 감소 프로그램 단축형(6주)이 대학생 불안과 공격성에 미치는 효과」 『스트레스 연구』

김원숙(2017), 「상담자의 공감 받은 경험에 관한 현상학적 연구」 아동학 박사학위논문, 동덕여자대학교

김정은·김정호·김미리혜(2015), 「마음챙김 명상이 고등학교 교사의 만성두통, 스트레스 및 정서에 미치는 효과」 『한국심리학회』

김정호(1996), 「한국의 경험적 명상 연구에 대한 고찰」 『사회과학연구』 덕성여자대학교 사회과학연구소

국선희(2006), 「명상문화산업의 발전 가능성 모색-모악산을 중심으로」, 『학술대회』 국제뇌교육종합대학원 국학연구원

류현민(2014), 「명상 프로그램 중재 효과에 대한 메타 분석」 박사학위논문, 대전대학교 대학원

박미옥(2013), 「마음챙김의 교육적 의미와 적용에 관한 연구」 박사학위논문, 동국대학교 대학원 교육학과

박성현(2010), 「명상 관련 연구의 현황과 과제」 『한국명상치유학회』

박후남(2005), 「명상 수련이 알코올 중독 환자의 자기개념, 금주자기효능 및 금주에 미치는 효과」 박사학위논문, 가톨릭대학교 대학원

유현자·김성훈(2001), 「명상과 미술활동을 활용한 태교 프로그램이 임신부의 정서에 미치는 효과」 『명상심리상담』

이경애(2009), 「마음챙김 명상이 고혈압 중년 여성들의 혈압, 스트레스 및 웰빙에 미치는 효과」 석사학위논문, 덕성여자대학교 대학원

임미화(2019), 「중년 남성의 공감적 대화 경험에 관한 연구」 교육학 박사학위논문, 이화여자대학교

하현주(2007), 「마음챙김 명상 경험에 영향을 미치는 명상 수행자의 심리적 특성 연구」 심리학 석사학위논문, 서울대학교

부록

'명상 일지' 이렇게 쓴다

'명상 일지' 이렇게 쓴다
알아차림은 기록할 때 더 분명해진다

명상을 마친 순간 모든 것이 흐릿하게 흩어진다. 방금 느낀 고요함도, 한 줄기 감각도, 무심히 스친 생각도……. 그저 지나간 생각과 감정일 뿐 머물지 않는다. 그래서 기록한다. 명상 일지를 쓰는 일은 나를 스쳐간 그림자에게 말을 거는 일이다. 명상은 단지 눈을 감는 일이 아니다. 단 한 줄이라도 남겨보자. 한 줄이 두 줄이 될 때 당신의 삶도 그만큼 깊고 넓어진다.

1. 명상 일지, 왜 한 줄이면 족할까?

명상은 경험이다. 하지만 기록하지 않으면 흩어진다. 명상 일지는 당신의 내면을 보여주는 지도다. 당신의 명상을 한 줄 글쓰기로 드러내는 순간 어렴풋한 생각과 감정이 구체적인 통찰로 바뀐다. 스쳐갈 뻔한 호흡이 삶의 흔적이 된다. 『행복해지고 싶다면 자신부터 믿어라』를 쓴 세계적인 명상가 샤론 샐즈버그는 이렇게 말한다.

"마음의 변화를 알아차리는 일은 그것을 기록할 때 더 분명해진다."

2. 어떻게 쓸까?

잘 쓰려고 애쓸 필요는 없다. 1분이면 충분하다. 휴대 전화 메모장에 써도 좋고, 작은 노트도 좋다. 당신의 언어로, 당신의 느낌으로. "나는 방금 이런 숨을 쉬었어." 이 한 줄이면 족하다. "5분간 척추를 펴고 눈을 감고 있었다." 이런 정도면 훌륭하다. 가볍고 부담 없이 시작할수록 오래 할 수 있다.

3. 무엇을 쓸까?

다음 질문 중 단 하나에만 응답해도 족하다. 오늘의 명상 시간과 장소, 어떤 자세로 앉았는지, 몸의 어디가 가장 먼저 반응했는지, 집중이 잘된 순간 또는 산만했던 순간이 있었는지, 있었다면 어떤 상황이었는지, 특정 생각이나 감정이 등장했는지, 내 호흡의 리듬과 속도, 느낌은 어땠는지, 명상 후에 든 기분은 어땠는지, 새로운 깨달음이나 영감이 있었는지, 떠오른 이미지나 기억은 무엇이었는지. 여러 질문 중 하나에게 응답하는 기분으로 쓴다.

명상 체크 리스트 10

'명상 체크 리스트'에 쓰는 당신의 글은 어느 누구도 평가하지 않는다. 적는 순간 정답이다. 마음으로만 호응해도 마찬가지다. 하지만 당신은 뭔가 기록하고 싶을 것이다. 내일 이 시간에 오늘의 나를 보고 싶을 것이다. 글쓰기는 그래서 소중하다. 이렇게 하루가 가고 이틀이 가면서 당신의 명상 기록은 쌓여간다. 자신에 대한 이해의 영토가 확장한다.

오늘의 명상 체크 리스트 10

<u>2025</u> 년 <u>4</u> 월 <u>23</u> 일

호흡	Q 명상하는 순간 호흡에 대한 생각이나 감정은 어떠했는가?
	A 배가 팽팽해지고 꺼지는 느낌으로 내가 호흡을 하고 있다는 사실을 처음 알았다.
자세	Q 몸은 균형을 이루고 있었는가?
	A 눈을 감고 앉은 지 5분도 되지 않아 등허리가 구부러지는 것 같았다.
주의	Q 주의 집중의 대상은 주로 무엇이었는가?
	A 배꼽을 중심으로 한 배 부위.
생각	Q 어떤 생각이 가장 많았는가?
	A 1. 명상보다 다른 일을 하는 게 실리적이라는 생각. 2. 원지 모르지만 수많은 생각이 오갔다.
감정	Q 명상하는 동안 주요 감정은 무엇이었는가?
	A 약간 무기력감이 오는 것 같았는데, 졸음이었다.
몸 감각	Q 내 몸 어디에서 어떤 감각이 있었는가?
	A 오른쪽 어깨뼈 부위에 찌르는 느낌이 있었다.
통찰	Q 새로운 통찰이나 작은 깨달음이 있었다면 무엇이었는가?
	A 척추를 펴고 눈을 감는 것만으로도 내 마음이 고요해지는 것을 알 수 있었다.
변화	Q 전과 다른 마음이나 몸의 변화가 있었는가?
	A 잘 모르겠다.
저항	Q 무엇이 거슬리거나 힘들었는가?
	A 명상 중에 이런저런 생각이 일어났다. 명상을 하는 게 나한데 도움이 될까? 이게 뇌한테도 도움이 된다는데 과연 그럴까, 하는 생각들.
감사	Q 무엇에 고마움을 느꼈는가?
	A 몸과 마음이 고요해지자 나도 그런 상태가 된 것 같아서 고마운 마음이 올라왔다.

오늘의 명상 체크 리스트 10

2025 년 4 월 24 일

호흡	Q 명상하는 순간 호흡에 대한 생각이나 감정은 어떠했는가?
	A 처음으로 내가 숨 쉬고 있다는 사실을 확인한 기분이다.
자세	Q 몸은 균형을 이루고 있었는가?
	A 척추를 반듯하게 펴려고 했는데 잘 됐는지 모르겠다.
주의	Q 주의 집중의 대상은 주로 무엇이었는가?
	A 온몸에서 간지럽고, 찌르고, 스멀거리는 감각이 있어서 나의 의식도 그것을 따라 돌아다닌 것 같다.
생각	Q 어떤 생각이 가장 많았는가?
	A 생각들이 냇물 속의 송사리 떼처럼 지나다닌 듯하다.
감정	Q 명상하는 동안 주요 감정은 무엇이었는가?
	A 별것 아닌 일로 엄마에게 신경질을 부린 일이 떠올랐다.
몸 감각	Q 내 몸 어디에서 어떤 감각이 있었는가?
	A 발바닥에 찡하는 전기 같은 감각이 있었다.
통찰	Q 새로운 통찰이나 작은 깨달음이 있었다면 무엇이었는가?
	A 나도 명상을 할 수 있다는 생각이 들었다.
변화	Q 전과 다른 마음이나 몸의 변화가 있었는가?
	A 오랜만에 마음이 차분해졌다.
저항	Q 무엇이 거슬리거나 힘들었는가?
	A 나도 모르게 졸음이 오는 것이 힘들었다.
감사	Q 무엇에 고마움을 느꼈는가?
	A 오랜만에 내 몸이 어떤 상태인지 알 것 같아서 고마웠다.

실제 사례 3

오늘의 명상 체크 리스트 10   2025 년 4 월 25 일

호흡	
Q	명상하는 순간 호흡에 대한 생각이나 감정은 어떠했는가?
A	호흡이 생각보다 짧고 빠르다는 걸 처음 알았다.

자세	
Q	몸은 균형을 이루고 있었는가?
A	허리가 자꾸 구부정해졌지만, 다시 펴려고 애썼다.

주의	
Q	주의 집중의 대상은 주로 무엇이었는가?
A	숨을 들이마시는 순간에 주의를 두려고 했지만 자주 흐트러졌다.

생각	
Q	어떤 생각이 가장 많았는가?
A	업무 걱정과 오늘 저녁 메뉴가 계속 떠올랐다.

감정	
Q	명상하는 동안 주요 감정은 무엇이었는가?
A	막연한 불안감과 약간의 초조함이 느껴졌다.

몸 감각	
Q	내 몸 어디에서 어떤 감각이 있었는가?
A	배에서 숨이 드나드는 느낌이 약간 느껴졌다.

통찰	
Q	새로운 통찰이나 작은 깨달음이 있었다면 무엇이었는가?
A	숨이 이렇게 자주 오가는지 평소에는 몰랐다는 걸 깨달았다.

변화	
Q	전과 다른 마음이나 몸의 변화가 있었는가?
A	명상 후에는 마음이 약간 가라앉은 느낌이 들었다.

저항	
Q	무엇이 거슬리거나 힘들었는가?
A	잡념이 너무 많아서 집중이 어려웠다.

감사	
Q	무엇에 고마움을 느꼈는가?
A	짧은 시간이지만 스스로에게 집중할 수 있어서 고마웠다.

오늘의 명상 체크 리스트 10		년 월 일
호흡	Q 명상하는 순간 호흡에 대한 생각이나 감정은 어떠했는가? A	
자세	Q 몸은 균형을 이루고 있었는가? A	
주의	Q 주의 집중의 대상은 주로 무엇이었는가? A	
생각	Q 어떤 생각이 가장 많았는가? A	
감정	Q 명상하는 동안 주요 감정은 무엇이었는가? A	
몸 감각	Q 내 몸 어디에서 어떤 감각이 있었는가? A	
통찰	Q 새로운 통찰이나 작은 깨달음이 있었다면 무엇이었는가? A	
변화	Q 전과 다른 마음이나 몸의 변화가 있었는가? A	
저항	Q 무엇이 거슬리거나 힘들었는가? A	
감사	Q 무엇에 고마움을 느꼈는가? A	

오늘의 명상 체크 리스트 10		년 _____ 월 _____ 일 _____
호흡	Q 명상하는 순간 호흡에 대한 생각이나 감정은 어떠했는가?	
	A	
자세	Q 몸은 균형을 이루고 있었는가?	
	A	
주의	Q 주의 집중의 대상은 주로 무엇이었는가?	
	A	
생각	Q 어떤 생각이 가장 많았는가?	
	A	
감정	Q 명상하는 동안 주요 감정은 무엇이었는가?	
	A	
몸 감각	Q 내 몸 어디에서 어떤 감각이 있었는가?	
	A	
통찰	Q 새로운 통찰이나 작은 깨달음이 있었다면 무엇이었는가?	
	A	
변화	Q 전과 다른 마음이나 몸의 변화가 있었는가?	
	A	
저항	Q 무엇이 거슬리거나 힘들었는가?	
	A	
감사	Q 무엇에 고마움을 느꼈는가?	
	A	

오늘의 명상 체크 리스트 10	년 _____ 월 _____ 일
호흡	Q 명상하는 순간 호흡에 대한 생각이나 감정은 어떠했는가? A
자세	Q 몸은 균형을 이루고 있었는가? A
주의	Q 주의 집중의 대상은 주로 무엇이었는가? A
생각	Q 어떤 생각이 가장 많았는가? A
감정	Q 명상하는 동안 주요 감정은 무엇이었는가? A
몸 감각	Q 내 몸 어디에서 어떤 감각이 있었는가? A
통찰	Q 새로운 통찰이나 작은 깨달음이 있었다면 무엇이었는가? A
변화	Q 전과 다른 마음이나 몸의 변화가 있었는가? A
저항	Q 무엇이 거슬리거나 힘들었는가? A
감사	Q 무엇에 고마움을 느꼈는가? A

오늘의 명상 체크 리스트 10		년 월 일
호흡	Q 명상하는 순간 호흡에 대한 생각이나 감정은 어떠했는가?	
	A	
자세	Q 몸은 균형을 이루고 있었는가?	
	A	
주의	Q 주의 집중의 대상은 주로 무엇이었는가?	
	A	
생각	Q 어떤 생각이 가장 많았는가?	
	A	
감정	Q 명상하는 동안 주요 감정은 무엇이었는가?	
	A	
몸 감각	Q 내 몸 어디에서 어떤 감각이 있었는가?	
	A	
통찰	Q 새로운 통찰이나 작은 깨달음이 있었다면 무엇이었는가?	
	A	
변화	Q 전과 다른 마음이나 몸의 변화가 있었는가?	
	A	
저항	Q 무엇이 거슬리거나 힘들었는가?	
	A	
감사	Q 무엇에 고마움을 느꼈는가?	
	A	

오늘의 명상 체크 리스트 10	년 월 일

호흡	Q 명상하는 순간 호흡에 대한 생각이나 감정은 어떠했는가?
	A
자세	Q 몸은 균형을 이루고 있었는가?
	A
주의	Q 주의 집중의 대상은 주로 무엇이었는가?
	A
생각	Q 어떤 생각이 가장 많았는가?
	A
감정	Q 명상하는 동안 주요 감정은 무엇이었는가?
	A
몸 감각	Q 내 몸 어디에서 어떤 감각이 있었는가?
	A
통찰	Q 새로운 통찰이나 작은 깨달음이 있었다면 무엇이었는가?
	A
변화	Q 전과 다른 마음이나 몸의 변화가 있었는가?
	A
저항	Q 무엇이 거슬리거나 힘들었는가?
	A
감사	Q 무엇에 고마움을 느꼈는가?
	A

오늘의 명상 체크 리스트 10		년 _____ 월 _____ 일
호흡	Q 명상하는 순간 호흡에 대한 생각이나 감정은 어떠했는가?	
	A	
자세	Q 몸은 균형을 이루고 있었는가?	
	A	
주의	Q 주의 집중의 대상은 주로 무엇이었는가?	
	A	
생각	Q 어떤 생각이 가장 많았는가?	
	A	
감정	Q 명상하는 동안 주요 감정은 무엇이었는가?	
	A	
몸 감각	Q 내 몸 어디에서 어떤 감각이 있었는가?	
	A	
통찰	Q 새로운 통찰이나 작은 깨달음이 있었다면 무엇이었는가?	
	A	
변화	Q 전과 다른 마음이나 몸의 변화가 있었는가?	
	A	
저항	Q 무엇이 거슬리거나 힘들었는가?	
	A	
감사	Q 무엇에 고마움을 느꼈는가?	
	A	

오늘의 명상 체크 리스트 10	_____ 년 _____ 월 _____ 일
호흡	Q 명상하는 순간 호흡에 대한 생각이나 감정은 어떠했는가? A
자세	Q 몸은 균형을 이루고 있었는가? A
주의	Q 주의 집중의 대상은 주로 무엇이었는가? A
생각	Q 어떤 생각이 가장 많았는가? A
감정	Q 명상하는 동안 주요 감정은 무엇이었는가? A
몸 감각	Q 내 몸 어디에서 어떤 감각이 있었는가? A
통찰	Q 새로운 통찰이나 작은 깨달음이 있었다면 무엇이었는가? A
변화	Q 전과 다른 마음이나 몸의 변화가 있었는가? A
저항	Q 무엇이 거슬리거나 힘들었는가? A
감사	Q 무엇에 고마움을 느꼈는가? A

오늘의 명상 체크 리스트 10		년 월 일
호흡	Q 명상하는 순간 호흡에 대한 생각이나 감정은 어떠했는가? A	
자세	Q 몸은 균형을 이루고 있었는가? A	
주의	Q 주의 집중의 대상은 주로 무엇이었는가? A	
생각	Q 어떤 생각이 가장 많았는가? A	
감정	Q 명상하는 동안 주요 감정은 무엇이었는가? A	
몸 감각	Q 내 몸 어디에서 어떤 감각이 있었는가? A	
통찰	Q 새로운 통찰이나 작은 깨달음이 있었다면 무엇이었는가? A	
변화	Q 전과 다른 마음이나 몸의 변화가 있었는가? A	
저항	Q 무엇이 거슬리거나 힘들었는가? A	
감사	Q 무엇에 고마움을 느꼈는가? A	

오늘의 명상 체크 리스트 10

년 _____ 월 _____ 일 _____

호흡	Q 명상하는 순간 호흡에 대한 생각이나 감정은 어떠했는가?	
	A	
자세	Q 몸은 균형을 이루고 있었는가?	
	A	
주의	Q 주의 집중의 대상은 주로 무엇이었는가?	
	A	
생각	Q 어떤 생각이 가장 많았는가?	
	A	
감정	Q 명상하는 동안 주요 감정은 무엇이었는가?	
	A	
몸 감각	Q 내 몸 어디에서 어떤 감각이 있었는가?	
	A	
통찰	Q 새로운 통찰이나 작은 깨달음이 있었다면 무엇이었는가?	
	A	
변화	Q 전과 다른 마음이나 몸의 변화가 있었는가?	
	A	
저항	Q 무엇이 거슬리거나 힘들었는가?	
	A	
감사	Q 무엇에 고마움을 느꼈는가?	
	A	

오늘의 명상 체크 리스트 10		년 _____ 월 _____ 일
호흡	Q 명상하는 순간 호흡에 대한 생각이나 감정은 어떠했는가? A	
자세	Q 몸은 균형을 이루고 있었는가? A	
주의	Q 주의 집중의 대상은 주로 무엇이었는가? A	
생각	Q 어떤 생각이 가장 많았는가? A	
감정	Q 명상하는 동안 주요 감정은 무엇이었는가? A	
몸 감각	Q 내 몸 어디에서 어떤 감각이 있었는가? A	
통찰	Q 새로운 통찰이나 작은 깨달음이 있었다면 무엇이었는가? A	
변화	Q 전과 다른 마음이나 몸의 변화가 있었는가? A	
저항	Q 무엇이 거슬리거나 힘들었는가? A	
감사	Q 무엇에 고마움을 느꼈는가? A	

오늘의 명상 체크 리스트 10		년 _____ 월 _____ 일 _____
호흡	Q 명상하는 순간 호흡에 대한 생각이나 감정은 어떠했는가?	
	A	
자세	Q 몸은 균형을 이루고 있었는가?	
	A	
주의	Q 주의 집중의 대상은 주로 무엇이었는가?	
	A	
생각	Q 어떤 생각이 가장 많았는가?	
	A	
감정	Q 명상하는 동안 주요 감정은 무엇이었는가?	
	A	
몸 감각	Q 내 몸 어디에서 어떤 감각이 있었는가?	
	A	
통찰	Q 새로운 통찰이나 작은 깨달음이 있었다면 무엇이었는가?	
	A	
변화	Q 전과 다른 마음이나 몸의 변화가 있었는가?	
	A	
저항	Q 무엇이 거슬리거나 힘들었는가?	
	A	
감사	Q 무엇에 고마움을 느꼈는가?	
	A	

오늘의 명상 체크 리스트 10		_____ 년 _____ 월 _____ 일
호흡	Q 명상하는 순간 호흡에 대한 생각이나 감정은 어떠했는가?	
	A	
자세	Q 몸은 균형을 이루고 있었는가?	
	A	
주의	Q 주의 집중의 대상은 주로 무엇이었는가?	
	A	
생각	Q 어떤 생각이 가장 많았는가?	
	A	
감정	Q 명상하는 동안 주요 감정은 무엇이었는가?	
	A	
몸 감각	Q 내 몸 어디에서 어떤 감각이 있었는가?	
	A	
통찰	Q 새로운 통찰이나 작은 깨달음이 있었다면 무엇이었는가?	
	A	
변화	Q 전과 다른 마음이나 몸의 변화가 있었는가?	
	A	
저항	Q 무엇이 거슬리거나 힘들었는가?	
	A	
감사	Q 무엇에 고마움을 느꼈는가?	
	A	

오늘의 명상 체크 리스트 10		_____ 년 _____ 월 _____ 일
호흡	Q 명상하는 순간 호흡에 대한 생각이나 감정은 어떠했는가?	
	A	
자세	Q 몸은 균형을 이루고 있었는가?	
	A	
주의	Q 주의 집중의 대상은 주로 무엇이었는가?	
	A	
생각	Q 어떤 생각이 가장 많았는가?	
	A	
감정	Q 명상하는 동안 주요 감정은 무엇이었는가?	
	A	
몸 감각	Q 내 몸 어디에서 어떤 감각이 있었는가?	
	A	
통찰	Q 새로운 통찰이나 작은 깨달음이 있었다면 무엇이었는가?	
	A	
변화	Q 전과 다른 마음이나 몸의 변화가 있었는가?	
	A	
저항	Q 무엇이 거슬리거나 힘들었는가?	
	A	
감사	Q 무엇에 고마움을 느꼈는가?	
	A	

오늘의 명상 체크 리스트 10	년 월 일
호흡	Q 명상하는 순간 호흡에 대한 생각이나 감정은 어떠했는가? A
자세	Q 몸은 균형을 이루고 있었는가? A
주의	Q 주의 집중의 대상은 주로 무엇이었는가? A
생각	Q 어떤 생각이 가장 많았는가? A
감정	Q 명상하는 동안 주요 감정은 무엇이었는가? A
몸 감각	Q 내 몸 어디에서 어떤 감각이 있었는가? A
통찰	Q 새로운 통찰이나 작은 깨달음이 있었다면 무엇이었는가? A
변화	Q 전과 다른 마음이나 몸의 변화가 있었는가? A
저항	Q 무엇이 거슬리거나 힘들었는가? A
감사	Q 무엇에 고마움을 느꼈는가? A

	오늘의 명상 체크 리스트 10　　　　　　　　 _____ 년 _____ 월 _____ 일
호흡	Q 명상하는 순간 호흡에 대한 생각이나 감정은 어떠했는가? A
자세	Q 몸은 균형을 이루고 있었는가? A
주의	Q 주의 집중의 대상은 주로 무엇이었는가? A
생각	Q 어떤 생각이 가장 많았는가? A
감정	Q 명상하는 동안 주요 감정은 무엇이었는가? A
몸 감각	Q 내 몸 어디에서 어떤 감각이 있었는가? A
통찰	Q 새로운 통찰이나 작은 깨달음이 있었다면 무엇이었는가? A
변화	Q 전과 다른 마음이나 몸의 변화가 있었는가? A
저항	Q 무엇이 거슬리거나 힘들었는가? A
감사	Q 무엇에 고마움을 느꼈는가? A

오늘의 명상 체크 리스트 10		_____ 년 ____ 월 _____ 일
호흡	Q 명상하는 순간 호흡에 대한 생각이나 감정은 어떠했는가?	
	A	
자세	Q 몸은 균형을 이루고 있었는가?	
	A	
주의	Q 주의 집중의 대상은 주로 무엇이었는가?	
	A	
생각	Q 어떤 생각이 가장 많았는가?	
	A	
감정	Q 명상하는 동안 주요 감정은 무엇이었는가?	
	A	
몸 감각	Q 내 몸 어디에서 어떤 감각이 있었는가?	
	A	
통찰	Q 새로운 통찰이나 작은 깨달음이 있었다면 무엇이었는가?	
	A	
변화	Q 전과 다른 마음이나 몸의 변화가 있었는가?	
	A	
저항	Q 무엇이 거슬리거나 힘들었는가?	
	A	
감사	Q 무엇에 고마움을 느꼈는가?	
	A	

	오늘의 명상 체크 리스트 10	_____ 년 ____ 월 ____ 일
호흡	Q 명상하는 순간 호흡에 대한 생각이나 감정은 어떠했는가? A	
자세	Q 몸은 균형을 이루고 있었는가? A	
주의	Q 주의 집중의 대상은 주로 무엇이었는가? A	
생각	Q 어떤 생각이 가장 많았는가? A	
감정	Q 명상하는 동안 주요 감정은 무엇이었는가? A	
몸 감각	Q 내 몸 어디에서 어떤 감각이 있었는가? A	
통찰	Q 새로운 통찰이나 작은 깨달음이 있었다면 무엇이었는가? A	
변화	Q 전과 다른 마음이나 몸의 변화가 있었는가? A	
저항	Q 무엇이 거슬리거나 힘들었는가? A	
감사	Q 무엇에 고마움을 느꼈는가? A	

오늘의 명상 체크 리스트 10		_____ 년 _____ 월 _____ 일
호흡	Q 명상하는 순간 호흡에 대한 생각이나 감정은 어떠했는가?	
	A	
자세	Q 몸은 균형을 이루고 있었는가?	
	A	
주의	Q 주의 집중의 대상은 주로 무엇이었는가?	
	A	
생각	Q 어떤 생각이 가장 많았는가?	
	A	
감정	Q 명상하는 동안 주요 감정은 무엇이었는가?	
	A	
몸 감각	Q 내 몸 어디에서 어떤 감각이 있었는가?	
	A	
통찰	Q 새로운 통찰이나 작은 깨달음이 있었다면 무엇이었는가?	
	A	
변화	Q 전과 다른 마음이나 몸의 변화가 있었는가?	
	A	
저항	Q 무엇이 거슬리거나 힘들었는가?	
	A	
감사	Q 무엇에 고마움을 느꼈는가?	
	A	

오늘의 명상 체크 리스트 10		년 월 일
호흡	Q 명상하는 순간 호흡에 대한 생각이나 감정은 어떠했는가? A	
자세	Q 몸은 균형을 이루고 있었는가? A	
주의	Q 주의 집중의 대상은 주로 무엇이었는가? A	
생각	Q 어떤 생각이 가장 많았는가? A	
감정	Q 명상하는 동안 주요 감정은 무엇이었는가? A	
몸 감각	Q 내 몸 어디에서 어떤 감각이 있었는가? A	
통찰	Q 새로운 통찰이나 작은 깨달음이 있었다면 무엇이었는가? A	
변화	Q 전과 다른 마음이나 몸의 변화가 있었는가? A	
저항	Q 무엇이 거슬리거나 힘들었는가? A	
감사	Q 무엇에 고마움을 느꼈는가? A	

오늘의 명상 체크 리스트 10		년 _____ 월 _____ 일
호흡	Q 명상하는 순간 호흡에 대한 생각이나 감정은 어떠했는가?	
	A	
자세	Q 몸은 균형을 이루고 있었는가?	
	A	
주의	Q 주의 집중의 대상은 주로 무엇이었는가?	
	A	
생각	Q 어떤 생각이 가장 많았는가?	
	A	
감정	Q 명상하는 동안 주요 감정은 무엇이었는가?	
	A	
몸 감각	Q 내 몸 어디에서 어떤 감각이 있었는가?	
	A	
통찰	Q 새로운 통찰이나 작은 깨달음이 있었다면 무엇이었는가?	
	A	
변화	Q 전과 다른 마음이나 몸의 변화가 있었는가?	
	A	
저항	Q 무엇이 거슬리거나 힘들었는가?	
	A	
감사	Q 무엇에 고마움을 느꼈는가?	
	A	

오늘의 명상 체크 리스트 10		_____ 년 _____ 월 _____ 일
호흡	Q 명상하는 순간 호흡에 대한 생각이나 감정은 어떠했는가?	
	A	
자세	Q 몸은 균형을 이루고 있었는가?	
	A	
주의	Q 주의 집중의 대상은 주로 무엇이었는가?	
	A	
생각	Q 어떤 생각이 가장 많았는가?	
	A	
감정	Q 명상하는 동안 주요 감정은 무엇이었는가?	
	A	
몸 감각	Q 내 몸 어디에서 어떤 감각이 있었는가?	
	A	
통찰	Q 새로운 통찰이나 작은 깨달음이 있었다면 무엇이었는가?	
	A	
변화	Q 전과 다른 마음이나 몸의 변화가 있었는가?	
	A	
저항	Q 무엇이 거슬리거나 힘들었는가?	
	A	
감사	Q 무엇에 고마움을 느꼈는가?	
	A	

오늘의 명상 체크 리스트 10		_____ 년 _____ 월 _____ 일
호흡	Q 명상하는 순간 호흡에 대한 생각이나 감정은 어떠했는가?	
	A	
자세	Q 몸은 균형을 이루고 있었는가?	
	A	
주의	Q 주의 집중의 대상은 주로 무엇이었는가?	
	A	
생각	Q 어떤 생각이 가장 많았는가?	
	A	
감정	Q 명상하는 동안 주요 감정은 무엇이었는가?	
	A	
몸 감각	Q 내 몸 어디에서 어떤 감각이 있었는가?	
	A	
통찰	Q 새로운 통찰이나 작은 깨달음이 있었다면 무엇이었는가?	
	A	
변화	Q 전과 다른 마음이나 몸의 변화가 있었는가?	
	A	
저항	Q 무엇이 거슬리거나 힘들었는가?	
	A	
감사	Q 무엇에 고마움을 느꼈는가?	
	A	

오늘의 명상 체크 리스트 10	_____ 년 _____ 월 _____ 일
호흡	Q 명상하는 순간 호흡에 대한 생각이나 감정은 어떠했는가? A
자세	Q 몸은 균형을 이루고 있었는가? A
주의	Q 주의 집중의 대상은 주로 무엇이었는가? A
생각	Q 어떤 생각이 가장 많았는가? A
감정	Q 명상하는 동안 주요 감정은 무엇이었는가? A
몸 감각	Q 내 몸 어디에서 어떤 감각이 있었는가? A
통찰	Q 새로운 통찰이나 작은 깨달음이 있었다면 무엇이었는가? A
변화	Q 전과 다른 마음이나 몸의 변화가 있었는가? A
저항	Q 무엇이 거슬리거나 힘들었는가? A
감사	Q 무엇에 고마움을 느꼈는가? A

오늘의 명상 체크 리스트 10		년 월 일

호흡	Q 명상하는 순간 호흡에 대한 생각이나 감정은 어떠했는가? A
자세	Q 몸은 균형을 이루고 있었는가? A
주의	Q 주의 집중의 대상은 주로 무엇이었는가? A
생각	Q 어떤 생각이 가장 많았는가? A
감정	Q 명상하는 동안 주요 감정은 무엇이었는가? A
몸 감각	Q 내 몸 어디에서 어떤 감각이 있었는가? A
통찰	Q 새로운 통찰이나 작은 깨달음이 있었다면 무엇이었는가? A
변화	Q 전과 다른 마음이나 몸의 변화가 있었는가? A
저항	Q 무엇이 거슬리거나 힘들었는가? A
감사	Q 무엇에 고마움을 느꼈는가? A

오늘의 명상 체크 리스트 10		년 _____ 월 _____ 일
호흡	Q 명상하는 순간 호흡에 대한 생각이나 감정은 어떠했는가?	
	A	
자세	Q 몸은 균형을 이루고 있었는가?	
	A	
주의	Q 주의 집중의 대상은 주로 무엇이었는가?	
	A	
생각	Q 어떤 생각이 가장 많았는가?	
	A	
감정	Q 명상하는 동안 주요 감정은 무엇이었는가?	
	A	
몸 감각	Q 내 몸 어디에서 어떤 감각이 있었는가?	
	A	
통찰	Q 새로운 통찰이나 작은 깨달음이 있었다면 무엇이었는가?	
	A	
변화	Q 전과 다른 마음이나 몸의 변화가 있었는가?	
	A	
저항	Q 무엇이 거슬리거나 힘들었는가?	
	A	
감사	Q 무엇에 고마움을 느꼈는가?	
	A	

오늘의 명상 체크 리스트 10		_____ 년 _____ 월 _____ 일
호흡	Q 명상하는 순간 호흡에 대한 생각이나 감정은 어떠했는가?	
	A	
자세	Q 몸은 균형을 이루고 있었는가?	
	A	
주의	Q 주의 집중의 대상은 주로 무엇이었는가?	
	A	
생각	Q 어떤 생각이 가장 많았는가?	
	A	
감정	Q 명상하는 동안 주요 감정은 무엇이었는가?	
	A	
몸 감각	Q 내 몸 어디에서 어떤 감각이 있었는가?	
	A	
통찰	Q 새로운 통찰이나 작은 깨달음이 있었다면 무엇이었는가?	
	A	
변화	Q 전과 다른 마음이나 몸의 변화가 있었는가?	
	A	
저항	Q 무엇이 거슬리거나 힘들었는가?	
	A	
감사	Q 무엇에 고마움을 느꼈는가?	
	A	

오늘의 명상 체크 리스트 10		년 _____ 월 _____ 일
호흡	Q 명상하는 순간 호흡에 대한 생각이나 감정은 어떠했는가? A	
자세	Q 몸은 균형을 이루고 있었는가? A	
주의	Q 주의 집중의 대상은 주로 무엇이었는가? A	
생각	Q 어떤 생각이 가장 많았는가? A	
감정	Q 명상하는 동안 주요 감정은 무엇이었는가? A	
몸 감각	Q 내 몸 어디에서 어떤 감각이 있었는가? A	
통찰	Q 새로운 통찰이나 작은 깨달음이 있었다면 무엇이었는가? A	
변화	Q 전과 다른 마음이나 몸의 변화가 있었는가? A	
저항	Q 무엇이 거슬리거나 힘들었는가? A	
감사	Q 무엇에 고마움을 느꼈는가? A	

오늘의 명상 체크 리스트 10		년 월 일
호흡	Q 명상하는 순간 호흡에 대한 생각이나 감정은 어떠했는가? A	
자세	Q 몸은 균형을 이루고 있었는가? A	
주의	Q 주의 집중의 대상은 주로 무엇이었는가? A	
생각	Q 어떤 생각이 가장 많았는가? A	
감정	Q 명상하는 동안 주요 감정은 무엇이었는가? A	
몸 감각	Q 내 몸 어디에서 어떤 감각이 있었는가? A	
통찰	Q 새로운 통찰이나 작은 깨달음이 있었다면 무엇이었는가? A	
변화	Q 전과 다른 마음이나 몸의 변화가 있었는가? A	
저항	Q 무엇이 거슬리거나 힘들었는가? A	
감사	Q 무엇에 고마움을 느꼈는가? A	

오늘의 명상 체크 리스트 10		_____ 년 _____ 월 _____ 일
호흡	Q 명상하는 순간 호흡에 대한 생각이나 감정은 어떠했는가?	
	A	
자세	Q 몸은 균형을 이루고 있었는가?	
	A	
주의	Q 주의 집중의 대상은 주로 무엇이었는가?	
	A	
생각	Q 어떤 생각이 가장 많았는가?	
	A	
감정	Q 명상하는 동안 주요 감정은 무엇이었는가?	
	A	
몸 감각	Q 내 몸 어디에서 어떤 감각이 있었는가?	
	A	
통찰	Q 새로운 통찰이나 작은 깨달음이 있었다면 무엇이었는가?	
	A	
변화	Q 전과 다른 마음이나 몸의 변화가 있었는가?	
	A	
저항	Q 무엇이 거슬리거나 힘들었는가?	
	A	
감사	Q 무엇에 고마움을 느꼈는가?	
	A	

오늘의 명상 체크 리스트 10	_____ 년 _____ 월 _____ 일

호흡
Q 명상하는 순간 호흡에 대한 생각이나 감정은 어떠했는가?
A

자세
Q 몸은 균형을 이루고 있었는가?
A

주의
Q 주의 집중의 대상은 주로 무엇이었는가?
A

생각
Q 어떤 생각이 가장 많았는가?
A

감정
Q 명상하는 동안 주요 감정은 무엇이었는가?
A

몸 감각
Q 내 몸 어디에서 어떤 감각이 있었는가?
A

통찰
Q 새로운 통찰이나 작은 깨달음이 있었다면 무엇이었는가?
A

변화
Q 전과 다른 마음이나 몸의 변화가 있었는가?
A

저항
Q 무엇이 거슬리거나 힘들었는가?
A

감사
Q 무엇에 고마움을 느꼈는가?
A

나는 날마다 지하철에서 명상한다

초심자를 위한 12가지 생활명상 제안서

초판 인쇄   2025년 4월 28일
초판 발행   2025년 5월 12일

지은이   김성수
펴낸이   여승구
펴낸곳   이루
편집   장민혜
디자인   김동현
일러스트 장은녕
주소   서울시 마포구 성지5길 5-15, 305호(합정동)(04083)
전화   02-333-3953
전자메일 jhpub@naver.com
출판등록 2003년 3월 4일 (제13-811호)

© 김성수, 2025

ISBN 978-89-93111-48-4 03180
가격은 뒤표지에 있습니다.

※ 이 책의 내용 일부를 재사용하려면 반드시 저작권자와
   도서출판 이루의 동의를 받아야 합니다.